함께 여는
횡성의 내일

[횡성에 살아 행복합니다]

함께 여는 횡성의 내일

횡성에 살아 행복합니다

장신상 지음

더봄

횡성에서 살면
누구나 행복할 수 있도록……

'내란'의 글자를 아스팔트 위에서 지워버리려고 몸부림치던 시간을 넘어 우리의 삶을 되찾아야 하는 시점으로 돌아왔습니다.

지금 내가 갖고 있는 것은 무엇일까?
농촌에서 태어나 공무원을 하고 횡성군의회 의원과 횡성군수로서 군민의 권익과 행복을 찾아 함께 달려오며 많은 걸 경험하고 배웠습니다. 그리고 행복했습니다. 나고 자란 고향에서 공무원, 군의원, 군수를 이어서 다 해본 사람은 전국에서도 드물 겁니다. 그래서 행복하고 무한히 감사드립니다.

내 고향 횡성은 무엇을 갖고 있을까?
동치악에서 북쪽으로 이어지는 산山, 영서 내륙지방의 생명의 젖줄인 횡성호를 만들며 흐르는 섬강의 물水, 그 강줄기에 입을 대고 이어

지는 들판의 흙土, 햇빛 바른 곳에 옹기종기 자리한 마을 속 사람들郡
民…… 바탕은 농촌입니다.

냉정하게 말하면, 우리 횡성의 현실은 그리 녹록지 않습니다. 대부분
의 주민이 농축업과 소상공업에 종사하고 있으며, 일부는 농공·산업
단지에 일자리를 두고 있습니다.

현재 우리 횡성도 농촌 지방자치단체들이 공통으로 겪는 상황에 직
면해 있습니다. 생산을 불러일으킬 소비층이 절대 부족한 지역경제의
위기입니다. 농산물이든 공산품이든 팔아줄 사람이 갈수록 줄어드는
소위 '인구 소멸'의 위기를 맞고 있습니다.

2025년 11월 기준으로 우리 횡성군의 인구는 4만 5,684명으로, 3년 전
인 2022년 7월 4만 6,546명에 비해 862명이 감소했습니다. 이를 통해
주변 지역들과 마찬가지로 지방 소멸의 길로 접어들었음을 직감할 수
있습니다. 사통팔달의 교통과 거대 소비처인 수도권을 이웃으로 하고
있으나 전혀 대처하지 못하는 형편입니다.

농촌은 농자재값 인상 폭이 농산물 가격 상승 폭을 뛰어넘고 있으며,
그런 상황에서 생산된 농산물들은 대체로 제값에 팔리지 못하는 악순
환의 구조가 지속되고 있습니다. 또한 소상공인은 소비층 부재에 따
른 매출 감소로 팍팍한 삶이 이어지고 있습니다.

어떻게 미래의 삶을 꾸려야 할까요?

횡성의 재도약과 미래 비전을 실현하려면 주민 참여와 포괄적 협력체계를 구축해 성장의 혜택이 골고루 공정하게 돌아감으로써 모두가 잘사는 지역으로 전환되어야 합니다. 횡성이 갖고 있는 역사와 문화, 자연, 농촌 등 모든 자산을 미래 성장을 위한 토대로 삼아야 합니다.

횡성한우, 횡성더덕, 안흥찐빵, 둔내토마토축제, 그리고 섬강과 주천강을 발원시킨 태기산과 태기왕, 각림사 태종대왕, 동치악의 청정 자연환경자산, 아름다운 횡성호수 등을 역사문화 스토리텔링으로 디자인해 횡성의 농촌문화와 융합하면 시너지 효과를 극대화시킬 수 있습니다. 그리하여 농촌문화를 토대로 사회적 트렌드인 휴식과 치유의 체류형 관광 명소로 만들어가야 합니다.

AI인공지능 시대는 농촌관광에 더없이 좋은 기회입니다.

농촌관광 온라인 예약 시스템을 시작으로 데이터 기반 맞춤형 콘텐츠, 첨단기술 등을 활용해 횡성이 농촌관광의 새로운 시대를 선도해야 합니다. 사라지는 옛 농촌문화를 AI 기능과 결합한 시스템으로 농촌문화관광의 다채로운 콘텐츠로 창조하고, 스마트농업을 연결해 농촌문화 쇼핑 시대를 열어가야 합니다. 횡성의 농촌을 지붕 없는 농촌문화 박물관으로 만들어 농촌문화관광의 핵심자산으로 진화시키는 겁니다.

예컨대, 스마트농업 시대에 맞게 단오제 등 지역의 전통적인 농업문화행사에 AI 기능을 접목해 감성 넘치는 상품으로 만들면 관광자원화할 수 있습니다. 전통 방식으로 생산한 농산물에 지역 고유의 문화를 스토리텔링해서 농산물의 부가가치를 높일 수 있습니다. 농촌 자체를 상품으로 인식하여 농촌의 새로운 가치를 발견하고, 이를 기존 관광자산과 융합한다면 농촌 소득 증진에 큰 도움이 되리라고 봅니다.

다음은 청년들이 머물고 젊은이들이 꿈을 키워가는 이모빌리티 미래산업을 일으키는 것입니다.

민선 7기 군수 재임 시에 횡성읍 조곡리에 6만여 평의 이모빌리티 농공단지 부지를 마련해 사업이 진행 중이며, 묵계리 탄약고 부지에는 이모빌리티 연구·지원·실증시험을 위한 기업을 유치했고, 2025년부터 관련 기업들이 속속 입주하고 있습니다.

찬란한 역사의 땅 횡성, 자랑스런 애국의 고장 횡성.
그래서 우리의 미래는 밝습니다. 횡성의 내일을 함께 열어가야 합니다.
횡성에 살아서 행복해야 합니다.

2026년 새해, 섬강에서
장신상

1

—

사랑하는 나의 고향
횡성

아버지의 말씀
"공짜 바라지 마라"

섬강 둔치에 앉아 윤슬을 보면 시간 가는 줄 모른다. 햇빛에 반짝이는 은빛 잔물결이 황홀감에 빠지게 한다. 도저히 눈을 뗄 수 없게 만든다.

횡성은 동네마다 구석구석 아기자기하고 예쁜 곳이 많다. 오고 가며 푸근한 이웃 사람들이 서로 손 흔들고 웃어준다. 만나면 그냥 지나치지 않고 요구르트 하나라도 손에 쥐어주며 정을 나누는 어르신들도 계시니 마음이 따뜻해진다.

"다른 데서 사는 건 생각해 본 적도 없을 만큼 나는 이곳이 좋다."

나는 '내 고향' 횡성이 참 좋다. 그래서 누구에게나 '횡성은 나를 품어준 사랑'이라고 말한다. 항상 조금이나마 고향에 보답하고 싶다는 마음을 갖는다.

조국의 하늘과
필종대에서
89. 12. 1

나는 횡성 토박이다. 공근면 수백리에서 1956년에 태어났다. 수백리는 횡성읍 묵계리 오얏골에서 살던 할아버지께서 이사를 오신 곳이다. 횡성에서 학교를 나오고, 38년 동안 공무원으로 일하면서 공근면장을 두 번 지냈다. 횡성읍장으로도 근무했다.

퇴직 후 2014년 횡성군의원에 당선되어 풀뿌리 정치의 길로 들어섰다. '모두가 살기 좋은 횡성을 만드는 데 일조하겠다'는 신념을 키워 2018년에는 횡성군수에 도전했다. 비록 낙선의 고배를 마셨으나, 횡성군민의 사랑에 보답하려는 일념은 꺾이지 않았다. 그 진심을 믿어준 고향 사람들 덕분에 2020년 재보궐 선거에서 횡성군수로 당선되었다.

횡성에서 태어나 살면서 평생 쌓아온 '신뢰와 경험'을 인정받은 것에 무한한 감사를 가졌다. 그것은 내가 언제나 최선을 다할 수 있게 하는 원동력이다. 그 바탕에 있는 아버님의 가르침 말씀을 뼛속에 새겼다.

"공것을 바라지 마라."
공직에 있으면서 언제나 흔들림 없이 떳떳하고 올곧게 나를 세워준 금언이었다.

어린 시절의 기억 속 아버지를 떠올리면 되살아나는 일화가 있다. 아버지는 근면하고 성실하셨다. 겨울철에도 매일같이 새벽에 일어나 쇠죽을 끓이기 위해 가마솥에 불을 지폈다.

방을 나가는 아버지의 기척을 잠결에 느끼며 나는 따뜻한 이불 속으로 몸을 파고들곤 했다.

"우리 아버지 힘들어서 어찌 사노."

그때 내가 '힘들다'는 의미를 어떻게 알았을까. 새벽부터 일하는 아버지 모습이 꽤 힘들어 보였던가 보다.

하루는 아버지께 뜬금없이 말했다.

"아버지, 돈벼락 맞아서 편히 살았으면 좋겠지요?"

그러자 아버지의 대답은 이랬다.

"신상아, 니 돈벼락 맞고 싶나? 그러다 죽지, 죽는다."

'돈벼락'도 '벼락'이라는 말씀이셨다.

"에이, 아버지 그게 뭐예요!"

내가 투정처럼 말하자, 아버지는 내 입안에 달콤한 엿 하나를 넣어주고 나가며 가르침을 남기셨다.

"공것 바라지 마라. 그러면 탈 난다."

그때 아버지의 음성은 영원히 내 가슴에 깊고 굵게 남았다. 그 한마디 금언을 지켜왔기에 나는 스스로 '비리 없는 인생을 살았다'고 말할 수 있다. 청렴의 신념을 올곧게 심어 자신감을 가지고 공직에 임하도록 해 주신 아버지께 감사드린다.

섬강의 어린이,
개똥 치우고 상 받다

나는 2남 3녀 중 장남이다. 큰누나와는 아홉 살 차이가 난다. 누나의 위아래로 태어난 두 형은 6.25 때 잃었다. 그러니까 실제로는 4남 3녀의 넷째인 셈이다.

아버지는 중위로 예편한 6.25 참전용사다. 횡성초등학교만 졸업한 학력이지만 6.25 당시 육군 보병학교 교육을 받고 장교로 임관했다. 1968년 4월 예비군이 창설되면서부터 공근면 예비군 중대장을 지내셨다. 생전의 아버지는 자식을 엄하게 대하는 편이라서 살가운 정을 느끼기 어려웠다. 그런데 돌아가신 뒤로는 새삼스럽게 아버지의 정이 새록새록 돌이켜졌다.

어머니는 수백성결교회 권사였다. 다른 어머니들보다 더 넉넉한 자애로움으로 자녀들을 안아주신 분이다. 아버지와의 거리감을 어머니가 충분히 메워주고도 남았다.

살림은 중농 정도는 되었던 것 같다. 논밭 합쳐서 대략 5,000평 규모의 농사를 지으며, 비록 윤택하지는 않아도 농촌에서 그럭저럭 먹고 사는 수준은 되었다.

나는 수백초등학교 제18회 졸업생이다. 43명이 졸업했는데, 매 학년 반장을 하다가 전교 부회장도 했다. 부끄럽지만, 전교 회장에 출마해서 떨어졌기 때문이었다. 초등학교 때는 특별하지는 않아도 '착하게 행동하며 다른 친구들한테 모범이 되어야 한다.'는 생각은 늘 가지고 있었다. 작은 일이어도 솔선수범하는 아이였다.

한 번은 개똥 치운 일로 상을 받았던 기억이 난다. 아마 4~5학년쯤이었을 거다. 나무를 듬성듬성 심어놓은 학교 잔디밭은 학생들이 자주 뛰어노는 장소였다. 거기에 동네 개들이 여기저기 똥을 싸 놓았다. 당시 축구를 좋아해서 친구들과 축구를 하다 공이 그리로 굴러가서 개똥이 묻는 경우가 더러 있었다. 그러나 아무도 개똥을 치울 생각은 하지 않고, 그곳을 피하기만 했다.

결국 보다 못해 어느 날 나 혼자서 개똥을 깨끗이 치웠다. 선생님들이 그 모습을 유심히 지켜보았던 모양이다. 사소한 행동이었어도 남다르다고 보아 이를 기특하게 여겼는지 학교에서 '모범상'을 주었다.

구백국민학교 제18회 졸업생 1969.

가장 기억에 남는 장면은 역시 수학여행이다. 6학년 수학여행을 서울로 갔는데, 다들 생활 형편이 어려워서 저금통장을 만들어 조금씩 경비를 마련해야 했다.

하지만 중학교 때는 경주 수학여행을 포기했다. 당시 왕복 20여 리 길을 함께 걸어서 다니던 초·중학교 동창인 절친이 정말 너무나 가난해 수학여행을 갈 엄두도 내지 못하는 처지였다. 단짝 절친이 가난 때문에 어린 마음을 설레게 하던 수학여행도 못 가는 딱한 사정은 결코 남의 일이 아니어서 나도 포기하게 되었다.

진정한 친구라면 친구의 어려운 처지를 이해하고 배려해야 한다고 생각했고, 그것이 의리라고 생각했다. 수학여행을 못 가는 것도 안타까운 일이지만 가난으로 인해 그 친구가 입을 상처가 내게 온몸으로 다가왔기 때문이다. 함께 수학여행을 가는 게 가장 좋은 방법이었지만 어린 나의 능력으로는 감당할 수 없다는 현실도 안타까웠다. 결국 중학교의 경주 수학여행단이 출발하던 날 우리 둘은 도시락을 싸가지고 마을 뒤의 칠봉산에 올랐다.

그때 그 친구의 말이 지금도 귓가에 생생하다. "우리 열심히 공부하자." 그런 이야기를 나눈 우리는 열심히 공부했으며, 그 친구는 횡성고에 장학생으로 입학한 후 공직의 길을 걸었다. 지금은 고인이 된 그 친구가 너무너무 그립다.

나는 초등학교 시절에 특히 책을 좋아했던 아이였다. 아이들과 동네 방네 뛰어다니느라 진이 쏙 빠져버린 날에도 방구들에 배를 깔고 엎드려 책을 보는 시간은 빼먹지 않았다. '훌륭한 사람이 되겠다'고 위인전을 많이 읽었다. 그중에서도 이순신 장군의 위인전은 읽고 또 읽어도 재미가 있었다.

"죽고자 하면 살 것이고, 살고자 하면 죽을 것이다."
'명량대첩'을 앞두고 군사들 앞에서 호령하는 이순신 장군의 모습이 아른거려 심장이 쿵쾅거렸다. 그의 마지막 전투이자 왜군에게 대승을 거둬 길고 길었던 임진왜란을 끝낸 '노량해전'에서 장렬히 최후를 맞이하는 대목에서는 눈물을 참으려고 무진장 애를 썼다.

"내 죽음을 적에게 알리지 마라. 독전고는 멈춰서는 안 된다."
책을 읽고 나서 이 말을 몇 번이고 되뇌며, '나도 커서 이순신 장군 같은 사람이 되리라'고 마음먹었다. 타고난 전술가이자 인본주의자이며, 끈기 있고 성실한 노력파로서 요행과 우연한 기회를 경계하고 마다하는 모습까지…….

내가 세상에서 제일 존경하는 아버지와 많이 닮았다고 여겨지는 이순신 장군의 존재가 가슴 뿌듯함을 안겨 주었다. 어린 시절 나의 영웅이 되기에 충분한 인물이었다.

어머니의 간장 계란밥은
소울 푸드

나무 땔감으로 난방을 하던 시골집은 외풍이 심했다. 아침에 일어나기 힘든 데다 찬 공기에 코피가 터지기도 했다. 하지만 학교에 늦지 않게 가려면 멈추지 않는 코피를 틀어막고 빨리 밥을 먹어야 했다.

그때 날계란을 깨서 밥에다 넣고, 간장과 참기름을 둘러 어머니가 비벼주시면 부드러운 게 먹기 좋았다. 그래서 간장계란밥은 내게는 어머니의 밥이다. 그 맛이 여전히 뇌리에 남아 있어서 요즘도 종종 그렇게 먹는다.

후다닥 간장계란밥을 먹고, 횡성읍내에 있는 중학교까지 걸어서 다녔다. 비포장도로에다 버스도 없었다. 축구와 달리기 등의 운동을 괜찮게 하고, 굴렁쇠 굴리기는 계속 1등을 했으니 학창 시절에는 친구들 사이에서 인기가 좋았다. 횡성중학교를 제22회로 졸업했다.

집에서 횡성중학교는 10㎞ 거리. 왕복 20㎞다. 고개를 넘고 물길도 건너야 했다. 수백리에서 횡성읍내로 건너오는 섶다리는 장마철이면 다 떠내려가서 책가방을 이고 상류에서부터 떠내려오며 헤엄쳐 건넜다. 여름 장맛비에 강물이 너무 많이 불면 등교를 못하는 날도 종종 있었다.

부모님들은 강가에 죽 올라서서 걱정스러운 눈길로 바라보곤 했다. 고등학생들이 먼저 앞장서면 중학교 3학년부터 1학년 순서로 오리가 족처럼 뒤를 따랐다. 그렇게 강을 건너 흠뻑 젖은 교복을 입은 채 축축함을 견디며 수업을 받았다.

겨울에는 또 강바람이 얼마나 세차던지. 아버지가 만들어주신 토끼털 귀마개를 해도 얼굴이 꽁꽁 얼어 뺨이 갈라터졌다. 그래도 학교는 당연히 빠지지 않고 가야 하는 것으로 알고 늦지 않게 다녔다.

내가 다닐 때 횡성중학교에는 횡성읍뿐만 아니라 서원면, 공근면, 우천면 학생들도 모두 다녔다. 때로는 갑천면 같은 곳에서 오는 학생도 있었다. 3학년으로 올라가서는 학교 부근에서 친구와 함께 자취를 했다.

중학 시절 내 성적은 상위권이었다. 반에서는 1등, 전교에서는 3등 안에 들었다. 1시간 반 정도 걸리는 등하굣길에서 단어장을 외우고 다닌 것이 큰 도움이 되었다.

고등학교 입시를 앞두고 국어 선생님이 춘천고등학교 진학을 권유했다. 당시 횡성중학교에서는 원주고등학교로 진학하는 경우가 많았다. 그래서 나도 "원주고로 가고 싶다"고 했지만, 국어 선생님은 고개를 저었다.

선생님 말씀을 어길 수 없어 춘천고에 원서를 넣었다. 입시를 치르고 합격해서 1972년에 고등학교에 입학했다. 그해 횡성중학교에서는 나를 포함해 동기 3명이 춘천고에 합격했다.

바로 한 해 전 결혼한 누나가 춘천에서 살고 있는 것도 춘천고를 선택한 이유 중 하나였다. 매형은 춘천의 한 중학교에서 교사로 근무했다. 춘천고를 다니느라 고등학교 3년 동안 횡성을 떠나 있었다.

다시 고향으로 돌아왔지만, 이 선택은 나의 10대 후반에 약간의 아쉬움을 남겼다. 고등학교 1학년까지는 중학교 때처럼 좋은 성적을 거뒀다. 상위권이어서 서울에 있는 명문대 진학도 기대해 볼 만했다.

하지만 기대는 속절없이 무너졌다. 2학년 때 태권도부 활동을 시작하면서 공부에 소홀해진 것이다. 아무래도 부모님과 떨어져 있다 보니, 자유로움을 과하게 누린 듯하다. 뒤늦게 '청소년기에는 부모님과 같이 지내는 것이 바람직하겠구나' 하는 생각이 들었다.

고3 입시를 앞두고서는 고민이 많았다. 집안 형편이 여의치 않은데다, 서울의 명문대를 가기에는 솔직히 성적이 모자랐다. 사실 춘천에서의 고등학교 유학도 누님의 도움과 지원이 없었다면 어려웠다. 결국 대학 진학은 포기하고 공무원 시험을 준비하는 것으로 마음을 굳혔다. 스무 살의 나에겐 '1975년 춘천고 제47회 졸업'이라는 이력 한 줄만이 남았다.

청소년기에 방황을 하지 않고 공부에 진력했다면 다른 동기들처럼 장학금을 받고 대학에 갈 수도 있지 않았을까 하는 후회를 한 적도 있다. 그래서 춘천고를 나오고도 어린 나이에 부모 품을 벗어난 방임으로 바로 대학에 가지 않은 것에는 스스로에게 유감이 남는다. 하지만 횡성사람으로서 고향에 남을 수 있게 된 것은 내 삶에 귀한 행운이다.

스무 살, 약관에 들어선
공직자의 길

공직에는 만 스무 살에 입문했다. 중학교 때까지 공부를 제법 잘해서 강원도의 명문 춘천고등학교에 입학하고, 글도 꽤 쓴다는 인정을 받는 자식이어서 부모님께서는 공직의 길을 걷기를 은근히 바라셨다.

"우리 신상이가 양복 입고 출근하면 참 좋겠다."

아버지는 두툼하고 묵직한 손으로 교복 입은 내 등을 쓸어내리며 말씀하시곤 했다. 어쩌면 내가 명문대를 나와 행정고시에 합격해서 공직 출발을 하는 모습을 그리셨을 것이다. 비록 그 기대에는 못 미쳤지만, 아버지의 바람은 내가 38년 동안의 공직 생활을 시작하는 디딤돌이 되었다.

대학 진학을 포기하고 돈을 벌어야겠다는 결심을 하고서 여러 대안을 찾아보았다. 쉽게 포기하거나 좌절해서 엉뚱한 방향으로 빠지지 않은 것은 그만큼 아버지의 기대가 중심을 잡아주었기 때문이었다.

'그래, 공무원 시험을 보자.'

공무원 시험은 처음부터 조금만 열심히 하면 도전할 만하겠다는 자신감이 있었다. 공무원으로 일하며 돈을 모으고 기회가 되면 나 혼자 힘으로도 대학에 다닐 수 있겠다 싶었다.

마침 머리는 좋지만 집안 형편이 어려운 같은 처지의 고교 동기 다섯 명이 독서실에 자리를 잡고 공무원 시험공부를 시작했다. 다른 친구들은 대학 신입생으로 캠퍼스의 즐거움을 누릴 무렵이었다.

조금 미안하기는 했지만, 누나 집에 의탁하고 독서실을 다니며 공부를 했다. 그리고 다음해인 1976년 봄에 9급 공무원 시험을 보았다. 그 시기에 공무원은 사회적 평가가 낮아서 인기 있는 직업은 아니었어도 임용 경쟁은 심했다. 나는 30:1의 경쟁률을 뚫고 당당히 합격했고, 그해 7월에 지방행정서기보로 임용되었다.

첫 발령 지역은 철원군 근남면이었고, 재무계에 근무했다. 면 단위의 공무원 생활은 나 역시 농촌 출신이어서 적응하는 데 별 어려움은 없었다. 실제로는 젊은 혈기에 한적하기만 한 주변 환경이 답답하기는 했으나, 내색하지 않고 선배 공무원들과도 잘 어울렸다.

비록 객지에서의 생활이었지만 나름 붙임성이 있는 편이었다. 군 입대까지 짧은 기간이나마 재미있게 보냈다. 운동을 좋아하는 군수와 테니스를 같이 칠 정도였다. 면사무소에서는 글씨를 잘 쓴다고 눈에 들어 업무 상황판 만드는 일을 도맡아서 했다.

철원에서 8개월 가까이 근무한 후 1977년 2월에 입대를 했다. 배속된 곳은 경기도 부천 제33사단 작전과였다. 서부전선이 작전 지역이어서 애기봉을 오르내리곤 했다. 32개월의 군 복무를 당당히 마치고 육군 병장으로 전역했다. 그런 다음 1979년 11월, 첫 근무지로 복직했다.

철원에서 근무하는 동안은 하숙을 했다. 박봉에 하숙비를 내고 술값이라든가 생활비를 제하면 돈이 남아나지 않았다. 그래서 이십대 중반까지는 거의 무일푼이나 다름없었다.

그곳에서 운명처럼 아내를 만났다. 아내는 철원 출신으로, 당시 김화 고등학교를 졸업한 신입 공무원이었다. 같은 면사무소에서 1년 정도 함께 근무하며 사랑을 키웠다.

군 복무를 마치고
고향 횡성으로 부임하다

어느덧 고향 횡성에 계신 아버지와 어머니는 연세가 들어 농사를 짓기도 벅찬 형편이 되었다. 자연스럽게 '이제 내가 부모님을 모셔야 한다'는 생각이 들었다.

만 스물넷에 나는 고향으로 돌아왔다. 1980년 12월이었다. 한창 열애 중이던 아내와는 1년 반 정도 떨어져 지내야 했다. 공휴일에 철원과 횡성의 중간 지점인 춘천에서 만나거나, 교환수가 바꿔주는 시외전화 통화를 자주 했다. 지금은 그야말로 '호랑이 담배 피던 시절의 얘기'가 되었다.

처음 횡성군청으로 전근 와서는 청일면 재무계로 나갔다. 이때 세금을 100% 징수하고, 체납액도 모두 받는 실적을 올려 주위를 놀라게 했다.

다리품을 많이 판 것이 비결이었다. 다른 담당자는 체납자들과 안면이 있어 회피하거나 크게 열정을 보이지 않는 경우도 더러 있었다. 그에 비해 나는 젊고 열정적인 데다 공무원으로 의무를 다한다는 마음이 앞서서 일일이 찾아다니면서 설득을 했다.

때로는 막걸리를 나누며 부탁하기도 하고, 그래도 안 되면 간혹 '규정에 따라 독촉장을 발부할 수밖에 없다'는 엄포를 놓으면서 납부를 재촉하기도 했다. 그 과정이 길게 걸리고 신경이 쓰여도 뚝심 있게 밀어붙였더니 나중에는 세금을 완납하는 결과를 가져왔다.

당연히 군청에서 좋은 평가를 내렸다. 3개월 만에 군청 파견 근무를 지시 받았다. 그때는 일을 좀 잘한다 싶으면 군청으로 데려가는 풍토였다.

청일면사무소에서도 차트 글씨 쓰는 일은 내 담당이었다. 전두환 정권 시절, 군청 건물 벽에는 내걸어야 할 선전 문구가 많았다. 가령 '선진조국 창조', '법질서 확립' 등등……. 사무실 상황판도 수시로 만들어 붙여놓아야 했다. 이전에는 비용을 들여서 했던 일을 내가 직접 하게 되어 그 뒤로 청일면에서 담당하는 역할이 점차 늘어났다.

나는 1982년 8월에 결혼해서 횡성에서 가정을 꾸렸다. 말수 없고 선한 눈매를 지닌, 요즘 젊은 사람들이 하는 말로 '볼매'볼수록 매력 있는인 아내를 만난 덕분에 이듬해에는 큰아들을 낳았다. 내 나이 스물일곱이

었다.

자식 자랑은 팔불출이라지만, 나와 아내를 똑 닮은 아이는 눈도 똘망 똘망한 게 어려서부터 참 예뻤다. 아이가 큰 눈을 껌뻑거리면 너무 귀여워 볼을 슬며시 쓰다듬어 주곤 했다.

'더 좋은 사람이 되어야겠다.'

자식이 바르게 성장하는 데 좋은 영향을 주는 '내 아버지 같은 아버지'가 되고 싶다는 마음을 가졌다. 한층 더 열심히 일하는 생활인이 되었고, 둘째도 태어났다.

밤낮 없이 일하는 아버지의 모습을 두 아들이 봐주기를 바랐다. '나라를 위해, 횡성군을 위해 혼신을 다해 일을 하고 있다'는 확신을 아이들의 마음에 심어줄 수 있기를 간절히 원했다. 그렇게 고향 횡성에서 나 역시 진정한 아버지의 모습으로 성장할 수 있었다.

기획, 예산 전문가로
공직 잔뼈 굵다

횡성군청 근무 시절은 우여곡절이 무척 많았다. 어려웠던 시간도 있었다. 그 모든 것을 차치하고, 열정과 패기로 횡성군민을 위해 일할 수 있어 벅찬 순간이 대부분이었다.

행정직인데 축산과에서도 근무했다. 읍면으로도 나갔고, 계장 때는 기획, 예산과 인사 업무도 두루 거쳐서 총괄 개념의 업무를 해 봤다.

고향에서 공무원으로 일하면서부터 어렸을 때 나의 영웅 이순신 장군은 또 다른 의미로 다가왔다. 강인하고 용맹한 장군이 아닌, 청렴한 관료로서 내게 교훈을 주었다.

"불가합니다!"

선의와 호의라도 업무와 관련된다면 결코 용납해서는 안 된다. 친근함을 무기로 한 청탁에는 굳건하게 불응해야 한다. 곤혹스럽게 맞닥뜨리는 상황에서 청렴한 관료 이순신은 내게 '아니오'라고 말할 수 있는 용기를 주었다.

청일면에서 횡성군청으로 파견 와서는 경리계 근무를 하면서 재산관리를 담당했다. 제25대 현영환 군수 재임 시였다. 횡성군청 건물이 오래되어 새로 짓기로 계획을 세웠다. 2층 목조건물이었는데, 비가 오면 구석진 곳으로 빗물이 줄줄이 새서 마룻바닥이 전부 젖을 정도였다. 신축 재원은 군유지를 팔아서 마련한다는 구상이었다.

현영환 군수가 8급인 나를 군수실로 불렀다. 군청에서 군수는 하늘같아서 하위 직원을 특별히 부르는 법이 없었다. 그런데도 경리계 재산관리 담당자인 내 얼굴을 직접 마주하고 임무를 부여했다.

"군청을 새로 지어야 하니까 군유지를 책임지고 팔아라."

군수의 역점사업이었다. 나는 가격 감정에만 한 달 이상 매달리며 군유지 470만 평을 팔았다. 그렇게 재원을 마련해서 지금의 자리에 새롭게 군청 건물을 지었다. 계약과 등기 정리, 은행 관리 등의 업무를 총괄했다. 이것으로 파견근무 딱지를 뗐다.

이후로 상공운수계에서 교통을 담당했고, 처음 생긴 농공단지를 건립하는 업무도 수행하였다. 그다음으로는 서무계와 행정계를 거쳐 7급으로 승진하며 횡성군보건소 모자보건센터장을 1년간 맡았다.

모자보건센터는 농촌 지역에서 산부인과의 역할을 하는 곳이다. 센터장으로 근무할 때는 거지 산모의 산바라지를 해 준 기억이 남는다. 가진 것 하나 없는 거지여서 내가 사비로 옷과 분유, 이불 등을 사서 도움을 주었다. 물론 아무런 대가 없이. 그저 내가 센터장으로서 책임져야 할 일이라고 여겼다.

그 뒤 인사 담당을 하다가 6급 계장으로 승진해서는 횡성댐 건설지원사업소 보상계장으로 일했다. 1992년 1월부터 1995년 2월까지였다. 이즈음 뒤늦게 학업에도 매진해 상지영서대 행정학과를 졸업한 후 한국방송통신대 행정학과에 편입해서 졸업했다.

횡성댐 보상계장에 이어서 민방위계장을 거쳐 1995년 11월 예산계장으로 옮겼다. 이 해에 민선 1기로 제38대 조태진 군수님이 취임했는데, 그분이 3선을 하는 사이 나는 예산계장 6년과 기획계장을 3년 가까이 하게 되었다. 예산계장 때는 상지대학교 대학원 행정학과 석사과정에 진학해서 학업을 병행하기도 했다.

조태진 군수님 시기에 예산계장과 기획계장을 하면서 군청 살림에는 휜해졌다. 군정郡政을 챙기는 통찰력뿐만 아니라 횡성군의 살림을 전체적으로 볼 수 있는 시각도 생겼다. 또한 중앙정부 여러 부처와 도청으로도 활동 폭을 넓힐 수 있었다.

기획계장에서 진급해 간 자리는 과장급인 공근면장이었다. 자신이 태어난 곳으로 면장 발령을 받는 것은 '잘해야 본전'이어서 꺼리는 편이지만, 나는 기꺼이 받아들였다. 2004년 7월에 발령받아 1년여를 열정적으로 일했다. 그리고 횡성군 종합민원실장으로 돌아왔다.

종합민원실은 조태진 군수님이 3선을 하면서 원스톱 민원 처리를 공약해 만들었다. 나는 종합민원실장으로서 민원 처리 기간 50% 단축, 외지인 종합 상담 창구 운영, 민원 서비스 실명을 위한 이름표 달기 등을 실시해 민원인들의 만족도를 높였다. 아울러 아침 친절 방송으로 고객 응대 마인드를 바꿔 나갔다.

2007년 1월 종합민원실장직을 마치고, 축산과장을 맡게 되었다. 뒤에서 더 자세히 기술하겠지만 축산과장 때는 너무너무 바빴다. 하고 싶은 일, 하는 일이 많아서였다. 그 바람에 상지대학교 대학원 석사 과정은 논문을 쓸 기간을 맞추지 못해 끝내 수료에 그치고 말았다. 그래서 그후 다시 한림대학교 대학원 미래커뮤니티정책학 과정에 입학해 마침내 석사학위를 취득했다.

축산과장직을 떠나서는 2010년 7월 자치행정과장으로 부임해 2년간 일하면서 '횡성군 교육 발전 기본조례' 제정, 인재육성관 개관, 인재육성장학재단 설립, 학교 무상 급식 목적의 학교급식센터 신축 착공, CCTV 통합관제 시스템 공모전 응모 및 선정 등을 성공리에 완수했다.

드디어 서서히 공무원 생활의 마무리를 염두에 두어야 할 시기에 다다랐다. 횡성읍장으로 가면서 '군의원 출마'라는 목표가 생겼다. 이는 읍장 업무에 열정을 불어넣는 불쏘시개였다.

마지막 직책은 다시 공근면장이었다. 공근면장 재부임은 좌천성이었다는 아쉬움도 있지만, 2013년 7월부터 퇴직에 이른 2014년 2월까지 나는 유종의 미를 거두고자 최선을 다했다.

38년에서 조금 모자라는 세월이다. 군 복무 기간 포함해서 37년 6개월 공무원 생활을 했다. 이 긴 시간을 명예롭게 보낼 수 있었던 데는 아내의 힘이 컸다. 아내는 횡성 월세방 신혼집에서 시작한 살림을 살았고, 세탁소를 운영하며 남편과 아이들을 뒷바라지했다. 내가 어느 누구에게도 손 벌리지 않고, 싫은 소리를 안 들으며 공직 생활을 할 수 있었던 것은 아내의 공이 크다.

갑작스런 고백이지만, 그 덕분에 큰아들은 아버지의 길을 따라 횡성군 공무원으로 입문했다. 며느리도 같은 길을 걷고 있다. 나는 매사에 더욱 조심했고, 큰아들과 며느리는 묵묵히 제 할일을 해 왔다.

이쯤에서 무예만큼이나 문장도 뛰어났던 이순신 장군이 공직자로서
신념을 담아 쓴 한 구절을 떠올려 본다.

> 대장부로 이 세상에 태어나
> 쓰이면 죽을힘을 다해 충성할 것이요,
> 쓰이지 못하면 농사 지으며 만족하리라.
> 만약 권세가에 아첨하여 뜬 영화를 탐낸다면
> 내가 부끄러워지리라.

나를 한 번 더 돌아보며 스스로에게 묻고 답한다.
물음은 '부끄럽지 않게 살아왔는가?'이고, 답은 '옳고 그름을 항상 생
각하며 정직하게 국가와 횡성군민에게 충성을 다했다'이다.

새로운 길,
지방정치에 도전하다

'아낌없이 주는 나무'처럼 내 모든 것을 내어주고, 그래서 횡성군민이 행복하다면…… 그것만으로도 충분하겠다. 그런 심정이었다. 이 마음이 '군의원'이라는 새로운 생활의 첫걸음이 되고, '횡성군수'라는 무겁고 감사한 책무로 이어졌다.

횡성읍장으로 가면서 '군의원을 해야겠다'는 꿈을 가졌다. 왜냐하면 '퇴직 후에도 공무원으로서 하지 못했던 부분을 제대로 마무리했으면 좋겠다'는 바람이 있어서였다. 다른 한편으로는 그동안 모셨던 몇몇 군수의 뒷모습을 보고, 좀 부족했던 면들을 개선해야 할 필요를 느꼈던 측면도 있다.

2014년 지방선거에서 횡성군의원으로 출마했다. 2월에 횡성군청을 퇴직하고, 당시 여권인 더불어민주당에서 기호 '나'번으로 공천을 받왔다. 상대 당에서는 세 사람이 출마했다. 그러니까 3인 선거구에서 5 순위 출마자나 마찬가지였다. 솔직히 말해, 당선되기 불리한 기호인 줄도 몰랐다. 그 정도로 선거에는 문외한이었다.

내가 직접 출마하는 선거는 처음인 데다 그 과정이 어떠한지 알지 못 하니 세밀한 전략이 있을 리 만무했다. 계획 없이 발로 뛰는 게 다였 다. 군의원 출마자가 선거 캠프를 꾸리고 할 처지도 아니었다. 그래도 고향 친구들이 많이 도와주었다. 자기 일처럼 나서서 선거운동을 해 준 친구들 덕분에 당선의 영예를 안을 수 있었다.

의정 생활에서는 현실적으로 한계에 부딪쳤다. 상대 당이 다수당이어 서 완전히 기울어진 운동장에서 뛰는 형국이었다. 그런데 각자 다양 한 생업에 종사해온 군의원들은 전문성이 부족해서 군정 질의와 사무 감사는 실질적으로 이루어지기 어려웠고, 수박 겉핥기에 그치는 것이 다반사였다.

행정 경험을 갖춘 군의원은 내가 유일하다시피 했다. 군의원이 의정 활동을 제대로 하지 못하면 공무원들의 준비도 부실해지기 마련이다. 예를 들어, 횡성군청 실업 볼링팀 창단 시 감독 선임과 선수 선발 등 지원 근거를 마련할 '조례'를 엉터리로 만들어 놓은 경우다. 잘못된 내 용을 전면 수정해서 제대로 제정하게 한 것은 그나마 내가 군청에서 근무한 행정 경험이 있어서 가능했다.

의원장 장신상

군 예산 편성이나 결산에서도 문제를 정확히 짚어낼 수 있는 군의원이 드물었다. 또한 불합리한 정책들, 자기 생색내기에만 열을 올리는 고위 공무원의 행동, 다음 선거 준비에만 집중하는 군수의 선심성 행보에 제동을 걸 만한 역량이 안 되었다. '군민 최우선의 의정 활동'이라는 기본 인식을 가지고 군의회에 나선 나로서는 답답함과 미진함이 남을 수밖에 없는 여건이었다.

그런 가운데 나는 군의원을 하며 '견제와 균형'이라는 의회 민주주의의 원칙에 충실하려고 했다. 뿐만 아니라 윗선의 지시에 무조건 순응하고 영혼 없이 편의성만 따르려는 공무원들의 생리를 바로잡으려는 노력을 기울였다. 같은 지역 공무원 출신 군의원이어서 더 많은 문제가 보였고, 더 나은 개선책을 실행하고 싶은 욕심이 컸다.

'모두가 살기 좋은 횡성의 미래'

단지 그것에만 나의 관심이 집중되었다. 하지만 군의원의 역할로는 매번 그림을 그리는 데 그칠 뿐이었다. 군정을 책임지고 총괄하는 군수의 권한이 필요했다.

2018년 지방선거 민선 7기 군수 후보로 나섰다. 아내는 군의원 재선이라면 몰라도 군수 선거 출마는 너무 험난한 길이라며 극구 반대했다. 지역사회에서 친분이 있는 상대 후보들과도 경쟁 관계여야 한다는 것

역시 부담스러웠다. 반면 소속 당의 입장에서는 적당한 입후보자가 없어서 출마를 권유하는 쪽이었다.

첫 실패. 소속 당이 당시 여당인데도 낙선이었다. 군민들께서 군수 소임을 맡기기에는 나를 아직 부족하게 여긴다는 뜻으로 받아들였다. 그런데, 뜻밖에 2년 만에 재도전의 기회가 왔다. 2020년 4월 재보궐선거였다. 지난 지방선거 패배의 아픔을 툭툭 털어내고 곧장 다음을 준비 중이어서 그 기회를 잡을 수 있었다.

"더 나은 횡성의 미래를 위해 일하는 군수, 발로 뛰는 군수, 약속을 지키는 군수가 되겠습니다."

횡성군민은 민선 7기 하반기 2년을 밝히는 나의 군정 비전을 받아들여 주었다. 군청에서 수십 년간 주요 공직을 수행해 온 행정가. 그간의 오랜 행정 경력과 군의원 활동으로 쌓은 경험이 횡성 발전의 큰 밑거름이 될 거라는 기대감이 신뢰로 이어졌다고 본다.

선거 기간 중 나는 군민의 생생한 삶 속으로 들어가 많은 것을 직접 보고, 듣고, 느꼈다. 거리와 상가, 들녘을 가리지 않고 이른 새벽부터 늦은 밤까지 군민의 땀과 눈물이 배어 있는 생생한 삶의 현장을 발로 뛰어 눈으로 확인하고 귀로 들어서 간절한 소망이 무엇이며, 진정 무엇을 바라는지를 잘 알게 되었다.

군민이 믿고 선택해준 횡성군수로서 첫 출근을 하던 길에 가졌던 마음은 항상 또렷하게 기억하고 있다. 군민만을 섬기고 바라보며 횡성군의 발전에 모든 것을 바치고자 했던 그날의 초심을 잃지 않으려는 담금질이 끝까지 약속을 지키는 군수를 만들었다.

군수 취임 후 첫 외부 일정으로 원주상수원보호구역해제 횡성군대책위원회를 만났다.
〈강원도민일보〉 2020년 4월 21일 자에 보도된 기사 일부를 싣는다.
재임 중에 해결을 못했지만 아직도 남아 있는 지역 최대 현안이다.

'취임 후 첫 외부 일정 원주상수원보호구역 해제 대책위 만나'

[강원도민일보 박창현 기자] 21대 국회의원선거와 횡성군수 보궐선거 과정에서 원주상수원보호구역 해제를 한목소리로 공약한 당선자들의 향후 활동에 지역사회의 관심이 쏠리고 있다.

특히 환경부가 발주한 비상취수원 설치를 통한 보호구역 해제 또는 규제 완화 여부를 담은 연구용역이 내달 9일 전후로 제출될 것으로 전해져 용역 결과에 따라 지역 국회의원들의 공약이행에도 속도를 낼 것으로 보여 주목되고 있다.

21대국회의원 선거 당선자인 이광재(민주·원주갑), 유상범(통합·홍천횡성영월평창) 의원은 선거공약으로 「수도법」 개정을 통한 원주상수원보호구역 해제와 함께 주변지역 개발을 약속했다. 장신상 군수도 30년 넘게 규제를 받고 있는 원주상수원보호구역 해제를 핵심 공약 중 하나로 제시했다.

특히 장신상 군수는 20일 첫 공식 외부 일정으로 원주상수원보호구역해제 횡성군대책위원회 관계자를 초청, 간담회를 갖고 "조속한 시일 내 도지사, 원주시장과 당선인사를 겸한 상견례 자리를 마련해 원주 장양취수장을 비상취수원으로 전환하는 방안을 논의하겠다"고 강조했다.

제45대 횡성군수 취임식은 '코로나19 사태'로 군민이 고통을 겪고 있는 가운데 간소하게 치렀다. 군민의 어려움을 함께 나누겠다는 취지였다. 그간의 군정 공백을 빠른 시일 내에 극복하고, 이제까지 한 번도 겪어보지 않은 팬데믹pandemic, 전염병의 세계적 대유행 현상으로 흔들리는 민생경제를 살리는 것이 시급했다.

'내가 이루는 도시, 꿈을 이루는 횡성'
군수의 중책을 맡으며 내건 군정 슬로건이다. 취임 이후, 나는 횡성군민의 행복에 기여하고자 어느 한 분야 소홀함 없이 촘촘한 정책을 추진했다. 모든 군민이 행복하고 살기 좋은 횡성을 만들기 위해 혼신의 노력을 다했다고 자부한다. 물론 '최고였다'는 자평을 할 수는 없지만, 최상을 추구하며 끊임없이 고심하고 실천했다.

민선 7기 하반기 군수로 재임한 2년여. 그것은 횡성군민의 모든 날, 모든 시간을 행복으로 채워 드리려고 더욱 노력한 진심의 기간이었다.

이 시대에 필요한
지도자의 상

군수 재임 중 횡성군의 숙원 사업과 각종 현안의 해결 방안을 찾아서 열심히 뛰었다. 당초 주어진 시간이 많지 않아서 애석했다. 아쉬움은 남아도 현실은 인정해야 한다. 나는 새롭게 다시 출발점에 섰다.

짧게나마 군수의 소임을 하며 체득한 것이 있다. 권위적이고 이기적 계산법에 근거한 분열과 갈등의 조장은 그 누구에게도 도움이 안 된다는 점이다. 불신은 파멸을 부를 수 있다. 서로 소통하며 믿고 배려하는 문화를 조성해야 한다. 이는 행동하는 도덕적 용기를 북돋우며 지역사회를 지켜주는 힘이다.

지방행정은 자치단체장의 통찰력을 필요로 한다. 올바른 방향을 설정하는 리더가 갖춰야 할 덕목이다. 조직을 컨트롤하는 데 필수적인 역량이기도 하다. 통찰력은 다양한 경험에서 비롯한다. 평생 공무원을

하고 퇴직을 해도 통찰력을 갖기가 어렵다. 전문 직렬에서만 일하다 보면 거시적으로 볼 수 있는 시각을 얻기 힘들기 때문이다.

나의 강점은 공무원의 다양한 경험을 하면서 열심히 배우고 노력했다는 데 있다. 같은 공무원 출신이라고 하더라도 한 분야만 담당한 경우와는 차원이 다르다.

횡성군민의 여론은 경험이 풍부한 통찰력 있는 리더를 원한다. 통찰력이 없다면 어디서부터 방향을 잡아야 할지 몰라서 자리만 차지하고 시간만 흘려보내게 마련이다.

이제 그 같은 시행착오를 겪어서는 안 된다. 이왕이면 명예나 욕심을 앞세우지 않는 청렴한 리더라면 좋겠다. 더 이상 비리에 연루되거나 해서 횡성군민에게 실망을 안겨드려서는 안 된다.

전체를 볼 수 있는 리더만이 적재적소에 인재를 쓸 줄도 안다. 많은 직원을 모두 일일이 지휘할 수 없으므로 각 구성원이 리더가 원하는 것 이상의 업무 능력을 발휘해 알아서 움직이게 만들어야 한다. 이 역시 축적된 경험이 밑받침하는 안목이 있어야 가능하다.

리더의 임기는 배우고 연습하는 기간이 아니다. 준비가 안 되어 있다면 우왕좌왕하다가 끝나기 십상이다. 곧장 실전에서 탁월한 성과를 거둘 수 있어야 한다.

군민에게 그러한 기대감을 주는 것이 중요하다. 하지만 그 결과물이 아무리 대단해도 군민으로서는 당장 피부에 와 닿는 성과를 깨닫지 못할 수 있다. 그렇더라도 리더의 성과는 언제든 군민의 생활에 영향을 끼치게 된다.

리더에게도 믿음이 있어야 한다. 자신의 역량이 지역사회의 삶을 바꾼다는 사실을 믿는다면 진정한 책임감을 가질 수밖에 없다.

'어떻게 하면 횡성군민과 횡성을 위한 더 큰 보람과 가치를 찾을 수 있을까?'

인물로 인정받는 리더가 되어야 한다. 미래 비전을 제시하고 실천하는 리더여야 한다는 말이다. 나는 횡성군민의 도구로 선택된 리더가 되고 싶다.

예를 들어, '횡성군민의 들러리' 같은 존재.
보통 '들러리 선다'고 말하지 않는가. 누구를 도와주려는 들러리, 어떤 행사를 돋보이게 해 주는 들러리, 내가 아닌 다른 사람을 위하는 들러리……. 그러니까 리더이지만 군민의 들러리인 도구여야 한다. 나는 투명하고 진정성 있게 낮은 자세로 임해서 모두의 행복에 기여하고 싶다.

그것이 내가 끊임없이 준비하고 공부하는 이유다. 군수직 퇴임 후인 2022년 8월 한림대학교 대학원에 등록해 미래커뮤니티정책 전공으로 국제학 석사학위를 받았다. 재도약의 준비이자, 충전의 시간이었다.

경험했으니 대안이 있다. 경험을 토대로 최적의 정책을 만들 수 있다. 준비하고 공부한 만큼 내가 사랑하는 고향, 횡성의 더 나은 미래를 위해 일할 수 있기를 염원한다. 횡성에서 일한 지난 모든 시간이 행복했고, 미력하나마 나 자신 횡성 발전에 쓰일 수 있어서 너무나 감사했다.

이제 여기에 새롭게 출발하는 장신상張信相이 있다.

나를 키워준 섬강,
그리고 태기산과 치악산

태기왕 유산과 둔내철기문화는 횡성 정신의 뿌리

지금 되돌아보면 장신상의 오늘을 키운 건 바로 횡성의 산과 강이었다. 태기산과 치악산의 어머니 품 같은 아늑한 기운, 그리고 생명의 젖줄인 섬강과 주천강이 있어 가능했으며 그 역사와 정신이 장신상의 미래가 되었다.

태기산에서 발원한 섬강이 고향 수백리 마을 앞을 흐른다. 삼한시대 진한의 마지막 왕 태기왕이 신라를 세운 박혁거세에게 패하여 재기의 꿈을 도모한 곳이 바로 태기산이다.

원주와 횡성 50여 만 인구가 먹고 사는 생명의 젖줄인 섬강이 발원한 태기산. 태기왕은 이곳을 중심으로 청일과 갑천, 둔내 일대에서 농사 짓고 군사를 기르며 새로운 세상을 꿈꿨다. 지금은 전설로만 전해지지만 태기산과 태기왕의 이야기는 미래를 향한 꿈이고, 포기하지 않는 불굴의 의지이며, 끊임없는 도전의 상징이다.

태기왕의 그 위대한 정신은 이 일대에 남아 있는 지명의 역사와 유물을 통해 면면히 이어져 왔다. 군사들과 갑옷을 빨았다고 하는 갑천, 병사들을 주둔시키고 훈련시킨 땅이라는 병지방, 태기왕이 박혁거세에게 패하고 최후를 맞은 후 따르던 부하들이 고향으로 돌아가지 않고 정착했다는 신대리, 천년왕국 신라를 세운 박혁거세가 태기왕을 쫓으며 올랐다는 어답산 등 소중한 역사적 자산이 지천으로 널려 있다.

둔내면 둔방내리 일대의 1세기경으로 추정되는 초기 철기시대 유적지는 태기왕 시대를 뒷받침하는 매우 중요한 역사 유산이다. 무늬 없는 토기, 낫과 못 등 철기 유물이 쏟아지고 보존 상태가 양호한 집터까지 나와 우리나라 초기 철기시대 의식주 생활을 종합적으로 보여주는 아주 귀한 유적이다.

'태기산 태기왕의 유산과 여기서 발원한 생명의 젖줄 섬강과 주천강, 둔내철기문화유적은 우리 횡성의 유구한 역사와 정신의 뿌리다.'

태종 대왕의 역사가 넘쳐나는 땅

치악산은 거의 절반이 횡성 땅이다. 동치악은 전부 횡성 땅인데 횡성

과 붙은 지역이 원주처럼 넓지 않고 사는 사람이 적다보니 원주 땅으로만 인식된 것이다. 예로부터 치악산은 진산이고 영산으로 알려져 있다. 『세종실록지리지』에는 치악산을 진산이라며 금강산보다도 더 좋은 산으로 쳤다.

치악산에는 귀하고 자랑스런 역사가 많이 전해지는데 그중에서도 동치악의 각림사와 태종 대왕의 역사는 우리 횡성의 품격을 높여주는 문화유산이다. 『조선왕조실록』에 수없이 나오는 각림사는 폐사돼 흔적만 강림면 소재지에 남았지만, 그 찬란했던 명성은 각종 역사 문헌 등에 넘쳐나게 전해 내려오고 있다.

태종 대왕 이방원은 13살 때부터 운곡 원천석 선생에게 3년간 글공부를 하고 1382년 진사시험과 이듬해 문과시험에 합격했다. 그가 사사한 곳이 각림사였다. 이 배움을 바탕으로 아버지 이성계와 함께 조선을 세우고 조선 3대 왕이 되어 신생 국가 조선을 완성한 태종 대왕은 횡성 땅을 잊지 못했다.

『조선왕조실록』에 보면 나라의 기틀 세우기가 마무리되어 가던 1414년에 횡성 각림사를 방문한 데 이어, 1421년에는 왕위를 물려준 아들 세종과 함께 마지막으로 횡성을 방문했다.

그 방문 1년 후 태종 대왕은 세상을 떠났으니, 마치 횡성을 마음의 고

향으로 생각한 듯하다. 태종 대왕은 이렇게 모두 다섯 번이나 횡성을
방문했는데, 부처를 싫어하던 신하들과 언쟁까지 벌여가며 횡성을 찾
은 이런 역사는 어디에도 없다.

(전략)

"원주原州의 각림사는 내가 나이 어렸을 적에 유학遊學한 곳이므
로, 사우寺宇와 산천山川이 매양 꿈속에 들어오는 까닭에, 한번 가
보고 싶었을 뿐으로 애초부터 부처를 위함은 아니었다. 만약에 눈
이 녹기를 기다려서 간다면, 반드시 '이를 핑계 삼아 강무한다' 할
것이니, 모름지기 눈이 쌓였을 적에 가야겠다."

– 1417년 『조선왕조실록』 중에서

횡성을 사랑하고 고향처럼 그리워한 태종 대왕은 조선의 통치 시스템
을 완비했으며, 세종에게 왕위를 물려준 위대한 군주다. 백성을 가장
아낀 왕이며 역사상 가장 유능한 왕 태종 대왕이 그토록 그리워했던
땅이 바로 횡성의 진짜 위상이다.

태종의 아들 세종대에 각림사는 사찰 땅이 300결이고, 승려가 150명
이었다. 전국에서 그 유명한 회암사와 개경사 다음으로 큰 사찰이었
다. 성종 때까지도 전국 사찰 중에서 가장 많은 소금 120석을 매년 지
원받을 정도로 위상이 대단했다.

영산 치악산과 각림사의 역사, 깨닫고 배우는 숲 강림의 정신은 대한 민국 어디에도 없는 만고의 역사 문화 자산이다.

횡성의 정체성이 된 애국의 역사

횡성은 3.1만세운동이 강원도 내에 들불처럼 번지게 한 진원지다. 1919년 3월 27일, 도내 최초로 만세운동이 일어났다. 뒤이어 4월 1일, 횡성장날을 맞아 장터에서 일어난 두 번째 만세운동은 5,000여 명의 주민이 참여한 도내 최대 규모였다.

겁에 질린 일본 헌병대는 평화적으로 만세운동을 벌이던 주민을 향해 발포를 하면서, 강달회 열사 등 5명이 순국했으며 수십여 명이 체포돼 옥고를 치렀다.

횡성읍 옥동리 김순이 여사는 운영하던 주막을 거사 모의 장소로 제공했다. 그리고 4월 1일의 만세운동 때 일본경찰에 맞서 싸우다 투옥되는 등 모든 횡성 주민이 하나가 되어 오로지 나라의 완전한 자주독립을 위해 죽음을 두려워하지 않았다. 일명 '황소아줌마'로 유명했던 김 여사는 나중에 횡성 출신 최양옥 독립지사의 독립운동 자금을 모으는 일에도 힘썼다.

6.25전쟁 때 공근을 비롯한 횡성은 격전지로 육군 8사단이 중공군과 북한군에게 거의 궤멸되며 참패한 곳이다. 그때 네덜란드 오우덴 대

령이 이끄는 대대가 퇴로인 횡성교를 사수하며 한국군과 미군의 전멸을 막는 큰 공을 세웠다.

이 전투에서 오우덴 대령이 전사하는 등 54명의 사상자를 냈는데, 이를 기념해 세운 것이 우천의 네덜란드군 참전기념비다. 이 역사는 어느 지역에도 없는 횡성의 자랑이며 횡성인들의 긍지다. 횡성은 이처럼 구국의 성지로 남아 있다.

횡성의 정체성이 된 고귀한 정신문화유산으로 길이 만대에 보전하여 횡성을 빛내야 한다.

2

—

감히 자랑스러운
공직의 추억

곧음으로
마음을 얻다

'군수가 이렇게 하면 안 되는데……. 공무원이 이러면 안 되지.'

서무계에서 판공비 담당을 하면서 실망스러웠던 적이 한두 번이 아니다. 지방자치제 실시 전 중앙정부로부터 임명되는 젊은 군수들은 지역유지들과 번번이 술을 마시며 흥청망청 군정을 소홀히 하는 경우가 왕왕 있었다. 하급 공무원들에게서도 업자들과 결탁하거나, 사적 인연에 얽매여 일 처리를 하는 부정적인 면이 보였다.

그들은 내게 반면교사였다. '아닌 것은 아니다'라는 인식에 철저하면서 공무원이 가져야 할 자세를 늘 올바르게 각인하려고 애썼다. 그래서 나는 '공직 생활 동안 원칙을 준수하며 청렴하고 공정하게 업무를 수행했다'고 자랑스럽게 말할 수 있다.

버스 노선 운행 준수

횡성군청 상공운수계 교통 담당으로 근무할 때였다.

1980년대 말쯤이었으니 횡성군 내에 버스가 안 들어가는 지역들이 있었다. 노선 편성이 되어 있어도 비포장도로에 승객이 적어서 버스 회사가 이런저런 핑계를 대며 운행을 하지 않았다.

버스를 이용하려는 주민들로서는 불편을 겪어야 하는 상황이었다. 군청에서는 운수업자에게 개선명령 또는 지도명령을 내리거나, 과태료를 부과해서 버스 운행을 하도록 강제하는 수단이 있었다. 그런데도 그동안 전혀 조치가 취해진 바가 없었다.

나는 해당 업무를 담당하면서 그 이유를 알았다. 업체들이 군수나 담당 공무원에게 부적절하게 접근해서 무마해 왔던 탓이었다. 업자의 편의를 봐주며 민원에 눈감은 것이었다.

나는 원칙을 지켜 해결하기로 마음먹었다. 우선 관련 법규를 검토하고, 지금까지의 관행이라며 협의마저 거부하는 업체에게 적용할 수 있는 제재 사항을 확인했다. 겨울철에 노선 운행을 하지 않는 업체가 '폭설이 내렸기 때문'이라는 핑계를 대는 것을 내가 직접 원주 기상청을 방문해 날짜별 기상 데이터를 받아 사실 무근임을 밝혀냈다. 그리고 해당 업체 대표에게 소환장을 발부하고 과태료를 부과했다.

이처럼 엄정하게 업무를 처리해 나가자, 그 뒤로는 담당자 조치를 무시하거나 핑계를 대지 못하고 즉각 시정이 이루어졌다. 규정과 제도를 원칙대로 시행하면 민원 해결은 수월해진다는 경험을 얻은 사례였다.

국민의 재산을 지키다

안흥면 소사리의 파스퇴르 목장 초지는 군유지였다. 이곳에 설립된 학교가 민족사관고등학교다.

군청 경리계에서 재산관리를 하면서 내가 매매를 담당했다. 파스퇴르 측에서는 낮은 감정가를 제시하며 팔기를 원했지만, 나는 제대로 된 감정 절차를 밟았다. 편법이나 탈법에는 애초에 눈길도 주지 않는 것이 나의 일관된 업무 방침이었다.

군유지는 쓸 만한 땅이 많은 편이다. 자칫 유혹에 넘어가면 담당자가 부정을 저지르기 쉬운 구조였다. 내가 다른 사람을 통해서 특정 군유지를 취득한다면 막대한 이윤을 챙길 수 있었다.

"야, 그때 적당한 땅 하나 네 앞으로 해 놓았으면 얼마나 좋았겠냐."

나중에 친구들이 농담으로 아쉬워하기도 했다. 웃자고 지나가는 말이니, 나도 유쾌하게 웃고 넘어갔다.

공무원은 업무상 취득한 정보로 개인적 축재를 해서는 안 된다. 처음 부터 끝까지 내가 확고하게 갖고 있는 입장이다. 공직자는 그런 면에 서 철저하게 자신을 관리해야 한다.

이러한 자세로 '신뢰'라는 재산을 얻었다. 인생 전체를 돌이켜 봤을 때, 아주 잘한 일이라고 여긴다. 동료 간에도 남 욕하지 않고, '내가 좀 손해 보고 말지' 하는 대응으로 믿음을 주었다.

내 생애 최고 아픔이 된
갑천 수몰민

잘못된 부분은 철저하게 원칙을 적용해 고치고 개선하는 것은 공익을 위해 당연한 일이다. 그런데 업무를 수행하며 원칙만 고집한다면 부작용이 생길 수도 있다. 상황에 따른 적절한 대처가 업무 역량을 좌우하기도 한다.

내가 가진 강점 중의 하나는 남다른 친화력이다. 이는 상대방의 입장을 먼저 생각하는 태도에서 연유한다고 본다. 그래서인지 서로 존중하고 협심하는 추진력으로 성과를 만들어낸 경우가 많다.

횡성댐 편입 보상 담당

1992년 1월에 횡성댐 건설지원사업소가 개소하면서 보상계장으로 발령받았다. 그때를 돌이켜보면, 공무원 생활을 하면서 가장 힘들었던 시기였다.

갑천면 대관대리의 횡성댐에 편입되는 253가구의 보상 협의를 하면서 주민들과 수시로 반상회를 열 듯 대화하고, 술도 많이 마셨다. 댐 건설 백지화 데모대를 설득하고, 민원에도 소홀함 없이 대응하자니 육체적·정신적 피로가 몰려왔지만 최선을 다했다.

3년 2개월 동안 해당 업무를 하며 계란세례도 여러 차례 맞았고 곤혹스러운 갖가지 일을 겪었다. 그래도 나는 주민 편에서 보상 문제를 해결하려고 신뢰를 쌓는 데 힘을 기울였다.

소소한 일에서도 개인적 친분을 나누는 것은 물론이거니와, 심지어는 제삿날에도 가서 절을 올리고 붙잡으면 밤을 지새우기도 했다. 마을 잔치, 행사에서 부르면 언제든지 달려갔다.

심지어 마을에서 개를 잡았다고 와서 먹으라는 날도 있었다. 못 먹는다고 거절할 수 없는 노릇이고, 최소한 가서 얼굴이라도 비춰야 했다.

주민들로서는 농사 짓고 살던 터전이 수장되어 고향을 잃게 되는 현실이었다. 국책사업의 중요성을 떠나서 그들의 심정을 이해하고, 새로운 삶의 활로를 걱정해 주는 것이 도리였다. 그렇게 믿음을 주며 타 부서 이임 전까지 629만 4,000㎡에 달하는 편입지의 80% 이상 보상 협의를 완료할 수 있었다.

보상금을 더 주지 못할 망정 양도세를 내라니

횡성댐 수몰민의 편입지 보상금에 양도소득세를 부과하는 상황은 당시 집권당인 민자당의 황명수 사무총장을 찾아가서 막았다.

일개 하급 공무원이 여당 사무총장실 문을 열고 들어가니, 황명수 사무총장은 깜짝 놀라는 기색이 역력했다. 방문한 자초지종을 말하고, 양도소득세 부과의 부당성을 따졌다.

"주민들에게 보상금을 더 주지는 못할망정 양도소득세까지 내라는 게 말이 됩니까?"

황명수 사무총장은 '이렇게 직접 와서 건의하는 당신 같은 공무원은 처음 봤다'며, '한시적으로 법을 바꿔서라도 해결하겠다'고 약속했다. 그 약속은 실행되었고, 편입지 주민들의 보상금에는 양도소득세가 면제되었다.

이주단지를 조성하는 것도 내가 나서야 했다. 원주시장을 직접 찾아가서 '횡성댐은 장차 원주를 살릴 댐이니 이주단지 택지를 내달라'고 요구했다. 군청 계장급이 시장과 얼굴을 마주하기조차 어려운 시절에 내가 추진력 있게 해낼 수 있었던 것은 수몰민의 간절함이 내 마음에 닿았기 때문이었다. 그 마음은 졸지에 실향민이 된 이들이 조상들에게 제사를 지낼 수 있는 '망향의 동산'을 만든 힘이기도 했다.

2000년 횡성댐이 완공되면서 횡성·원주 지역에 발전적 영향을 끼쳤다고 평가한다. 원주 혁신도시 유치에도 도움을 주었다. 횡성댐 인공호수를 중심으로 총 31.5㎞, 6개 코스의 호수길도 조성되어 1년에 15~20만 명 정도의 관광객이 다녀갈 정도다.

나는 공무원으로서 책임감을 가지고 횡성댐 보상 업무에 임했다. 사람들을 설득하고 이해시키며 어떻게든 해결하려는 의지를 보였다. 무엇보다 있는 그대로 투명하게 업무를 수행했다.

자기 일처럼 부대끼며 대화하고 문제를 풀어 나가서인지 나쁜 소리보다 호평을 많이 들었다. 그래서 지금도 횡성댐을 보면 공무원 생활의 성과이자 내 인생의 커다란 보람 중에 하나로 꼽을 수 있어 가슴이 뿌듯하다.

횡성 발전 기반 닦은
故 조태진 전 군수님

조태진 전 군수님이 2021년에 작고했을 때 나는 군청 마당에서 '노제'를 지내도록 했다. 일부에서는 볼멘 반응도 나왔다. '상대 당 쪽 사람 아니냐'는 것이었다.

나는 그 말을 한마디로 일축했다. 횡성에는 '우리'가 있을 뿐이지, 이쪽저쪽 나눠 발목을 잡아서는 앞으로 나갈 수 없다. 그것은 나의 확고한 신념이자 철학이다.

조태진 전 군수님은 1995년부터 2006년까지 내리 3선제38·39·40대을 하며 횡성에 많은 기여를 한 분이다. 내가 횡성군청 기획계장과 예산계장을 했던 시기다. 나는 그의 공약 사항을 수행할 수 있는 예산 재원을 마련하는 역할을 하며 손발을 맞췄다.

'선택과 집중'에 탁월

조태진 전 군수님은 '횡성한우축제'와 '더덕축제', '찐빵축제'를 시작해 횡성의 브랜드를 만들었다는 업적을 남겼다. '선택과 집중'에 탁월했던 면이 있었다. 이들 성공한 사업들로 횡성군은 '횡성한우, 횡성더덕, 안흥찐빵'으로 상징되는 대한민국 대표 농업 지역의 입지를 다졌다.

횡성한우축제는 '태풍문화재'에서 2004년부터 이름을 바꾼 축제다. 이전 횡성에는 특용작물도 별로 없어서 소득 수준이 낮았다. 횡성한우축제가 먹거리 축제가 되면서 한우농가를 비롯해 정육점이라든가 식당 등의 소상공인들이 늘어나고, 수정사·수의사 등 관련 직업군도 늘어나 지역경제에 도움을 주었다. 도축장, 축산 기자재 판매, 수송 등에서도 활기를 띠게 되었다.

나는 예산계장을 하며 우천 한우플라자 지원에 힘썼다. 한우 품질 고급화와 균질화로 브랜드 작업을 시행했다. 전국 최초로 품질 고급화 장려금과 거세장려금을 지원함으로써 중앙정부에서도 도입할 수 있는 계기를 만들었다.

한우 다음으로 횡성더덕과 안흥찐빵도 현실적이고 선도적인 대응책을 찾아서 횡성만의 경쟁력을 갖췄다. 횡성을 대표하는 관광 자원화에 성공했다고 볼 수 있다.

부가가치가 높은 우수한 명품 농축산물 브랜드 관리를 체계화해서 경쟁력을 제고한 것이 횡성 농축산업의 살 길임을 인식시켰다. 나는 이를 도와 온라인 유통 활성화나 소비자와 직거래 등 농산물 유통의 행정적 지원에 만전을 기울였다.

조태진 군수님의 신뢰를 바탕으로 행정 능력을 키우다

청정 횡성 땅에서 자란 맛있고 건강한 먹거리를 정착시키며, 다른 한편으로 '애국의 고장'이라는 슬로건을 만들어 '4.1만세공원'을 조성한 것도 업적이다.

횡성은 1919년 강원도 3.1만세운동의 효시이자 진원지로서 이후 4.1만세운동을 주도한 곳이기도 하다. 내가 축산과장을 할 때는 4.1만세공원에 '한우 동상'을 세운 인연이 있다.

조태진 전 군수님이 부임하면서 내가 만든 슬로건은 '깨끗하고 아름다운 횡성'이었다. 그 덕분인지 횡성 시가지는 기본적으로 깔끔하고 청결한 편이라는 평을 받았다.

조태진 군수님이 나를 신뢰하고, 나는 조태진 군수님을 존중하며 호흡을 잘 맞춰 횡성의 분위기에 활기를 불어넣었다고 자부한다.

군 단위에서는 종합운동장도 홍천보다 빨리 지은 것 역시 손발이 잘 맞아서였다. 내가 조태진 전 군수님에게 '종합운동장을 지을 예산을 확보하려면 도민체전을 유치해야 한다'고 건의를 한 것이 주효했다.

그 결과 도민체전을 군 단위에서 가장 먼저 개최하고, 실내수영장까지 만드는 결실을 맺었다. 지금도 그때 지어진 운동장이나 스포츠 시설들을 보면 가슴이 뿌듯해진다.

조태진 군수님 뜻 이어
횡성한우를 명품 브랜드로 만들다

강원도 횡성군 특산물로는 '한우'가 첫손 꼽힌다. '횡성한우'는 역시 횡성을 대표하는 자랑거리다. 2025년 (사)한국브랜드경영협회가 주최한 〈대한민국 소비자 신뢰 대표 브랜드 대상〉에서 지역특산물 한우 부문 대상을 수상했다. 무려 18년 연속 수상의 금자탑이다. 한국소비자협회가 주관하는 〈2025 대한민국명가명품대상〉에서도 11년 연속 지역 명품 브랜드 부문 대상을 받았다.

횡성한우가 소비자들의 최선호 브랜드 위치를 굳건히 지키고 있는 까닭은 높은 일교차와 섬강 발원지의 깨끗한 물, 거기에 더해 철저한 고급육 생산 프로그램이 만들어낸 맛과 풍미가 뛰어나서다.

세계적으로도 인정받는 횡성한우를 있게 한 데는 나의 열정과 뚝심도 한 몫을 했다는 자부심이 크다. 그 부분은 횡성 축산농가들도 어느 정도 인정하리라 생각한다.

명품 브랜드화 사업

횡성군청에서 행정직은 축산과장으로 가지 않는 것이 상례다. 별도의
축산직이 있다. 그런데도 행정직인 나는 축산과장을 했다.

"지역 한우농가는 물론 군민 모두가 횡성한우와 축산업에 대한 기대
가 큰 만큼 어깨가 무겁다."

2007년 1월 횡성군청 신임 축산과장으로 발령 받아 밝힌 소감이다.
횡성군의 축산 살림을 책임지면서 부담감이 만만치 않았지만, 자신감
도 있었다. 횡성한우의 인기가 높아지는 시기에 '횡성한우를 톱 브랜
드로 만들라'는 소임을 완수해야 했다.

횡성한우는 축협과 농협, 한우협동조합 등 각 생산단체가 다를 뿐, 전
부터 하나의 브랜드나 마찬가지였다. 나는 축산과장으로서 이들 생산
단체의 자율성은 인정하되, 선의의 경쟁을 독려해 소비자들에게 최상
의 품질과 최선의 서비스를 제공함으로써 명품 횡성한우의 브랜드 가
치를 더욱 높여 나가겠다는 방향성을 가졌다.

'횡성한우가 지금의 명성을 얻은 것은 그간 앞만 보고 달려온 횡성 지
역 축산농가, 축협, 지자체는 물론 군민 모두의 노력에 의한 것'임을

어사품
땀과 땅의 가치를 담은
횡성 8대명품.
횡성한우 · 횡성더덕 · 안흥찐빵 · 횡성쌀어사진미 · 횡성사과 · 횡성잡곡 · 횡성토마토 · 횡성절임배추
어사진미
횡성군

인횡성한우축제
YouTube
Website
횡성
한우
축제
HAPPY
HANWOO

인정하며, '그 명성을 지킬 수 있도록 탄탄한 기반을 마련하는 것이 필요한 시점'이라는 생각이었다.

2010년 7월까지 축산과장으로 재임하며 이를 위해 실로 많은 업무를 수행했다. 굵직굵직하게 꼽아 봐도 대략 다음과 같다.

- 2007년 12월 우분연료화 기술·기계 개방 업무협약 체결
- 2008년 4월 횡성한우 제2도약 전략 수립 추진(횡성한우 인증제도 도입, 전용 도축장 설치 등)
- 2008년 7월 국립축산과학원과 기술교류협약 체결
- 2008년 10월 〈횡성한우 헌장〉 선포
- 2008년 10월 품질 평가, 미래산업 창출 연구사업 등 한국식품연구원과 업무협약 체결
- 2009년 9월 횡성한우 해외시장 개척 노력(횡성한우 국제적 브랜드 첫 시발 성공)
- 2009년 12월 횡성한우 가공 제품 개방 시연(한우과자, 한우불고기피자, 한우불고기 주머니빵)
- 2009년 6월 ~ 2010년 6월 횡성한우 전용 도축장 조성(육가공시설 리모델링 외 6종)
- 2010년 3월 횡성한우 품질인증제 시행
- '한우정액선정위원회 구성 운영 조례' 제정(차세대 횡성한우 개량 생산 기반 조성)

- 한우 조형물 제작 설치: 한우의 일생 조형물, 4.1만세공원 횡성한우

  헌장상, 회전교차로 한우상

군민과 힘 모아 1등 성과

나는 '지역농가들의 경쟁력을 키우는 것이 횡성한우의 경쟁력과 직결
된다'는 지론을 가지고 한우농가 2세 경영인 육성 프로그램을 개발하
며, 경쟁력 향상 교육도 강화했다.

"평균 한우 사육 두수 15두 정도의 중소 규모 농가들이 잘 살 수 있도
록 해야 횡성한우의 경쟁력이 생긴다."

그 방법을 강구했다. 한우 관련 종사자 모두 소득이 증대되고 지역경제
활성화에 많은 기여를 할 수 있도록 행정력을 집중해 나갔다. 최고를
지향하며 맛의 차별화를 꾀해 명품의 다름을 추구했다. 횡성에는 사료
공장, 가축시장, 도축장 등 모든 인프라를 갖추고 있어서 육성 여건은
양호했다.

나는 농촌에서 살기도 했고, 강원대 농촌사회교육원 축산과에서 주말
교육을 받은 적도 있어서 사실상 '준비된 축산과장'인 면이 있었다. 당
시 농림수산식품부현 농림축산식품부의 한우 팀장이 고교 선배이기도 해
서 정책을 입안하면 현장과 가까운 내게 꼭 물어보곤 했다.

나 또한 정책 제안을 하며 시범사업을 우선할 수 있는 여건을 만들었다. 해썹HACCP 인증도 전국에서 가장 많이 받았다. 이는 예산 확보 측면에서도 유리한 조건이었고, 남보다 빨리 톱 브랜드로 도약할 수 있는 유리한 상황을 조성했다.

캐나다 캘거리에서는 횡성한우 맛 테스트를 하며 홍보도 열심히 했다. 횡성한우 10㎏을 가지고 가서 블라인드 테스트를 하고 비교 시식회를 개최해서 1등을 했다. 일본 와규和牛, 멕시코산 등이 해내지 못한 것을 횡성한우가 당당히 1등을 한 것이었다. 이를 계기로 세계에서 인정받는 횡성한우로 급부상할 수 있었다.

국내 유명 대학들과도 손을 잡고 한우 포럼을 열었다. 축산과가 있는 대학은 거의 다 방문해 교수들을 만나고 정책들을 제안 받았다. 강원대, 상지대, 건국대 등등…….

축산농가들에게 '브랜드'의 개념을 심어줄 수 있도록 포럼을 계속 진행했다. 사료와 사육 과정 등의 표준화를 통한 균질한 품질을 강조하는 자리였다. 이를 바탕으로 품질인증제를 시행해 '짝퉁 횡성한우'와 차별화를 꾀했다. 그 영향으로 오늘날 횡성한우의 발전이 체계화되었다는 자긍심을 갖는다.

나는 지금 수백리에 있는 축사에서 20여 마리의 한우를 키우고 있다.

공무원 시절에 횡성한우에 줄곧 많은 관심을 기울였고, 축산과장 재직 시의 경험으로 여전히 축산농가들과 이야기를 나누며 공감대를 형성하고 있다.

특히 축산과장 시절 한우 관련 수많은 수상 실적은 횡성 축산업계와 군민 모두가 노력한 성과다. 다음은 '내 인생의 훈장'이라고 해도 과언이 아닌 축산과장 시기의 수상 실적이다.

- 2007년 3월 8일 〈대한민국 브랜드파워〉 1위(횡성한우) [한국능률협회]
- 2007년 3월 15일 〈2007 전국 브랜드파워〉 1위(횡성한우) [한국능률협회]
- 2007년 4월 11일 〈2006년 소브루셀라병 방역포상〉 장려상 [농림부]
- 2007년 8월 30일 〈2007 전국 축산물 브랜드전〉 대상(횡성한우, 대통령상) [농협중앙회, 축산단체협의회]
- 2007년 9월 7일 〈2007 브랜드 웰빙지수 평가〉 1위(횡성한우) [한국표준협회컨설팅]
- 2007년 12월 1일 〈우수축산물 브랜드 인증〉(횡성한우) [(사)소비자시민모임]
- 2007년 12월 14일 〈2007년 가축방역특별포상〉 우수상
- 2007년 12월 31일 〈2007 축산시책 추진〉 우수(횡성군) [강원도]
- 2008년 1월 8일 〈소비자선호도〉 1위(횡성한우) [한국갤럽]
- 2008년 1월 9일 〈축산대상〉(횡성한우) [농협중앙회]
- 2008년 6월 4일 〈2008 대한민국 대표 브랜드 대상〉(횡성한우)

[동아닷컴, 한경닷컴, 아이엠비씨]

- 2008년 7월 2일 〈제3회 지방자치 발전대상〉(횡성한우)

  [(사)한국언론인연합회]

- 2008년 9월 5일 〈2008 대한민국 소비자 신뢰 대표 브랜드 대상〉

  (횡성한우) [(사)한국브랜드경영협회]

- 2008년 10월 5일 〈2008 대한민국친환경대상〉(횡성한우) [대한민국

  친환경위원회, 환경미디어]

- 2009년 1월 22일 〈2009 대한민국 지역공동 브랜드 대상〉(횡성한우)

  [아시아경제신문]

- 2009년 10월 9일 〈2009 대한민국 소비자 신뢰 대표 브랜드 대상〉

  (횡성한우) [(사)한국브랜드경영협회]

- 2009년 11월 5일 〈2009 대한민국친환경대상〉(횡성한우)

  [대한민국친환경위원회, 환경미디어]

혁신적 리더십,
도약의 발판으로

'리더십'leadership의 사전적 의미는 '무리를 다스리거나 이끌어 가는 지도자로서의 능력'을 말한다. 나는 이를 '앞서서 구성원들을 이끌고 목표한 바를 성취하는 추진력'이라고 해석한다.
내게는 그런 리더십이 있다. 언론에서도 주목했듯이 기본자세와 정신력을 강조하는 편이다.

> 그는 신임 축산과장으로 강한 리더십을 발휘한다.
> "직원 모두에게 횡성 지역 축산업의 전문가라는 생각으로 절대 자만하지 말 것을 주문했다. 공무원이라고 나약한 생각으로 대처하는 것을 용납하지 않을 것"이라며 '배수의 진'을 치고 더욱 노력하겠다는 각오를 나타냈다.
> – 〈축산신문〉 인터뷰_장신상 횡성군청 신임 축산과장' 중에서
> (2007년 1월 24일 자)

민원 처리 기간 50% 단축

종합민원실장 시절, 민원 처리 기간을 50% 단축했다. 민원 창구에 하위 직원이 앉고, 바로 뒤에 계장이 앉아서 민원 해결 방안을 신속하게 제시할 수 있도록 한 결과였다.

이전에는 보통 민원 처리 기간이 보름 정도 소요되었다. 인허가의 경우에는 담당자가 막판에 서류 보완을 요구하기도 해서 한 달이고, 두 달이고 늘어지기도 했다. 그 외 부서에서도 다들 통상적인 민원 처리 기간 내에 마무리하면 된다는 생각을 하고 있었다.

나는 우선 각 부서 민원 담당자들과 대화를 했다. "내가 검토했을 때 민원 접수에서 결재까지 시간이 50%는 단축될 수 있을 것 같은데 가능하겠느냐?"고 물었다. "중간 단계를 단축하면 가능하다"는 대답이 돌아왔다.

이 같은 과정을 거쳐 민원실의 자리 배치를 새롭게 했다. 처음에는 그러한 조치에 계장급 직원들에게서는 불만도 쏟아지고, 거부감을 보이기도 했다. 그렇지만 상급자가 민원을 직접 청취해서 업무 분장을 하고 효율적인 방향성을 공유하도록 설득해서 시스템을 정착시켰다.

전국 관공서 중 최초의 획기적 시도였다. 이는 그해 '행정안전부 평가'에서 우수상을 수상하며, 2000여 만 원의 포상금을 받았다. 당시 횡

성군청 종합민원실 직원들은 이 상금으로 싱가포르 해외 견학을 다녀왔다.

횡성읍 화합 한마당

횡성읍장 시절에는 횡성읍 승격 34주년 읍민 체육대회를 '횡성읍 동네방네 한마음 운동회'로 재탄생시켰다.

격년제로 하던 '읍민의 날' 행사에서는 주로 종목별 체육대회를 했는데, 해당 운동 시설이 있는 데서만 할 수밖에 없었다. 그러니까 테니스는 테니스장, 축구는 축구장 등 모든 종목이 따로따로 시합이 열렸다. 이처럼 각각 떨어져 있는 장소에서 진행하다 보니 제대로 실감이 나지 않는 행사가 되곤 했다.

'읍민의 날' 행사라면 화합적 차원에서 한자리에 모여 읍민 간 교감의 기회가 되어야 하는데 미흡한 측면이 있었다. 그래서 내가 '운동회처럼 횡성군 종합운동장에서 하자'고 제안했다. 2013년 5월이었다.

잔디구장인 종합운동장은 잔디 보호를 위해 평소에는 개방을 하지 않았다. 읍민 중에는 대다수가 생긴 지 오래된 종합운동장의 잔디 한 번 밟아본 적이 없었다. 읍사무소 공무원들조차 마찬가지였다.

'재미있게 명랑운동회처럼 꾸며서 행사를 갖자.'

종합운동장에 읍내 권역별로 천막을 치고, 군 단위 기관장과 단체장을 포함해 읍민들에게도 일일이 초청장을 보냈다. 이는 읍민들에게 '서프라이즈'였다. 여태 '읍민의 날' 행사가 있는지 없는지도 몰랐다고 했다. 생각지 못한 행사 초청장을 받으니 읍민으로서 너무 뿌듯했다는 소감이었다.

운동회 당일에는 식권을 발행해 읍민들이 주변 식당에서 자유롭게 먹도록 했다. 종전 '읍민의 날'에 새마을부녀회에서 식당을 운영하던 것을 과감하게 바꿨다. 종합운동장 주변에 있는 식당 주인들과 회의를 해서 읍민 잔치 분위기를 띄울 수 있도록 음식 단가를 낮추고 음료수 무료 제공 등의 서비스를 하도록 협조를 이끌어냈다.

과연 운동회는 성황을 이루었다. 행사는 경쟁과 승부에서 벗어나 소통과 화합을 테마로 하는 프로그램으로 진행되었다. 종목별 소수가 참여하는 체육 행사는 기차놀이 입장, 박 터트리기 등 누구나 참여하는 운동회로 탈바꿈했다.

제1회 주민자치 발표회도 열었다. 이 발표회를 계기로 '눈높이 수강'이 실시되었고, '성인 밴드'가 신설되기도 했다.

한편, 횡성읍장 재임 시 '이장·새마을지도자 합동 연수'도 실시해 서울 서초수련원에서 유명 인사 초청 특강, 한마당 놀이, 토론회 등을 가진 바 있다.

횡성 베이스볼 테마파크 착공

공근면장 때인 2005년 '한우문화촌' 응모에 선정된 것도 의미 있는 일이었다. 횡성한우가 유명세를 타면서 조태진 군수님이 조성을 계획해 횡성읍·우천면·갑천면과 경쟁해서 공근면이 선정되었다.

이 또한 내가 가진 지기 싫어하는 성격으로 인한 성과라고 말할 수 있다. 하지만 이 공모사업은 그 뒤로 진행이 되지 않았다. 후임 군수들이 방임 상태로 10여 년을 허송했다.

나는 한우문화촌추진위원회를 구성해 공근면 발전 명목으로 편입될 토지 소유자의 매각 승낙을 받아둔 상태였다. 한우와 관련된 역사적 자료 수집도 진척시켰다. 해당 사업의 예산은 400억 원 규모로 기억되는데, 다른 곳에 전용된 것으로 보인다. 그래서 4만 평의 부지만 남아 있는 사업이 되고 말았다. 한우농가들이 한우문화촌 예정지에 풀조사료을 심어서 소를 먹이는 상황이 벌어졌다.

그 땅은 내가 다시 공근면장을 하면서 야구장으로 변경 건립을 추진했다. 한우문화촌이 무산되고, 두 번째 공근면장 시기에 야구장건립추진위원회를 만들어 '횡성 베이스볼 테마파크' 기공에 이르렀다.

현재 한우문화촌 자리에서는 전국 대학야구와 고교 야구대회 등이 개최되고 있다. 비록 사업 추진이 무산되어 한우문화의 본산으로 자리하지는 못했으나, 우리나라 인기 스포츠인 야구로 횡성을 알리고 있는 곳이 되었다.

3

군민과 함께 이룬
영광

군민 건강과
지역경제 분야의 위기관리

국가는 물론 지역사회에서도 언제든 위기 상황에 맞닥뜨릴 수 있다. 수년 전 '코로나19 사태'와 같은 신종 감염병의 출현, 상시적 기후위기에 따른 예상치 못한 자연재해, 대규모 피해를 불러오는 사회재난 등에 대비해야 한다.

재해·재난 상황에 대응하는 지자체장의 위기관리 능력은 주민의 안전과 삶의 질을 확연히 달라지게 만드는 요소다. 과거에는 재해·재난을 당해도 '하늘의 뜻'이라고 순응하며 살아갔지만, 기술과 과학이 발전한 현대에는 리더의 역량이 피해 정도와 회복도를 가름한다.

위기관리에서 지자체장에게 요구되는 능력은 어떤 것들이 있을까. 정확한 현상 파악과 소통을 통한 의견 수렴, 빠른 결단, 다수가 만족하는 마무리까지……. 여러 가지를 갖춰야 탁월하다는 평가를 받을 수 있다.

그중에서도 나는 '위기에 직면한 이들을 대하는 사랑'이 가장 중요하다고 생각한다.

위기에 처한 사랑하는 사람을 구할 때 초인적인 힘이 발휘될 수 있다. 물심양면의 지원은 위기를 기회로 바꿀 수 있는 힘이 된다. 안될 것 같은 상황에서도 사랑은 끝까지 포기하지 않는다. 비유적으로 말하자면, 지자체장의 위기관리 능력은 '지역민을 얼마나 사랑하느냐'가 좌우한다. 그것이 핵심이다.

코로나19 선제적 예방과 신속한 대처

2019년 12월 처음 발견된 코로나19 바이러스가 전 세계로 확산되었다. 2020년 3월 11일 WHO세계보건기구가 팬데믹을 선포했고, 이후 2년 넘게 이어지며 확산세를 키웠다.

수많은 나라가 코로나19 사태로 큰 위기와 문제에 봉착한 시기에, 나는 제45대 횡성군수로 취임하면서 해결해야 할 많은 과제와 마주했다.

최대의 위기이자 극복해야 할 현안은 역시 코로나19 사태의 극복이었다. 군민의 생명을 지키는 일과 침체된 지역경제 회복에 집중적인 노력을 쏟았다. 유례없는 감염병은 2년 넘게 지속되며 많은 군민을 위기

로 몰아갔다. 행정은 위기 속에서 고군분투하는 군민의 든든한 버팀
목이 되어야 했다.

이에 대응한 단계적 기본 전략은 '선제적 예방-신속하고 적극적인 대
처-경제 살리기'였다. 최선을 다해 코로나19 바이러스 확산을 방지하
고, 확진자 발생 시 빠른 조치와 선제적 대응으로 n차 감염의 고리를
끊어내며, 코로나19 사태로 먹고살기 어려워진 군민의 생활 안정을
뒷받침했다.

선제적 예방 측면에서는 각종 감염병 대응의 최전선에 있는 보건소
조직을 확대해 기존 '1과 9담당'에서 '2과 10담당'으로 개편하고, 선별
진료소 운영에 들어갔다. 동시에 코로나19 무료 검사 캠페인을 펼치
며 PCR 검사를 독려해 결과적으로 횡성군 인구보다 더 많은 검사수
를 기록했다.

2021년 1월에는 코로나19 예방백신 접종이 신속·안전하게 이뤄질
수 있도록 백신접종추진단을 구성했고, 어르신 비율이 높은 지역 여
건을 고려해 마을별 백신 접종에 차질이 없도록 읍·면별 이송계획을
세웠다.

횡성군 공무원들은 어르신들의 백신 접종 후 모니터링을 유선으로
진행하며 군민의 안전을 챙겼다. 3월 들어서는 횡성군보건소에 호흡

기 전담 클리닉을 신설해 코로나19를 포함한 호흡기 감염병 대처 여건을 개선했다.

한편, 정부 방역 지침에 근거한 사회적 거리두기를 준수하며, 업소 수시 점검 및 계도 추진 등 확진자 규모를 최소화하는 노력을 이어나갔다. 확진자 발생 시에는 군 홈페이지와 군정 홍보 채널에 곧장 알리고, 신속한 역학조사 실시로 확산 방지에 총력을 다했다. 아울러 추경 예산을 편성해 2021년 10월 23일부터 호흡기 감염병에 특화된 음압 특수 구급차를 본격 운영했다.

같은 해 11월 13일 기준 횡성군의 코로나19 확진자는 124명으로, 생활권을 공유하는 인근 시군에 비해 확연히 적었다. 이는 횡성군이 코로나19 대응을 얼마나 잘했는지를 보여주는 수치다.

뿐만 아니라 군민의 코로나19 백신접종률이 같은 달 3일 기준 82.7%2차 접종 완료를 기록하며 전국 평균 76.6%를 크게 넘어섰다. 이로써 '위드 코로나 시대'로 접어들며 최악의 위기 상황을 극복했다.

지역경제 활성화와 민생 살리기

코로나19 예방 일환의 사회적 거리두기와 감염에 따른 심리적 위축 등으로 지역경제는 심각한 피해를 입었다. 경제 회복의 계기를 마련하려면 직접적인 지원금 지급이 필요했고, 지급된 돈이 지역 경기 활성화의 마중물이 되도록 순환시키는 두 마리 토끼를 잡아야 했다.

나는 군수 취임 직후인 2020년 6월, 코로나19 극복 긴급 추경으로 94억 원을 확보해 전 군민에게 1인당 20만 원씩 재난기본소득지원금 지급에 나섰다.

이후 코로나19로 초래된 어려움을 극복할 수 있도록 민생경제 회복에 행정적 역량을 집중했다. 각종 행사와 축제 및 사업 등을 과감하게 축소하고, 예산과 법이 허용하는 테두리 안에서 군이 자체적으로 할 수 있는 지원을 추진했다.

2020년 9월에는 전 군민에게 10만 원씩 2차 재난기본소득지원금 지급이 이루어졌다. 2022년 2월에도 코로나19 장기화와 오미크론 변이 바이러스 확산에 의해 군민이 겪는 경제적 고통을 고려한 민생 지원금이었다.
특히 저소득층, 자영업자 등에게 코로나19 피해 지원금을 신속히 편성·지급하며 지역경제 회생과 군민 소득 보전의 디딤돌이 되었다.

이와 함께 횡성에서만 사용 가능한 '횡성사랑카드'를 2021년 3월 출시해 재난지원금 등으로 촉발된 소비가 지역에서 이뤄질 수 있도록 했다. 횡성사랑카드와 관련해서는 2020년 9월 21일 〈강원일보〉에 다음과 같이 보도되었다.

횡성사랑상품권 내년 초 발행 추진

[횡성] 횡성군이 횡성사랑상품권 발행을 추진한다.

군은 내년 3월 횡성사랑상품권을 발행하기로 하고 운영 조례 제정을 위한 준비에 들어갔다고 밝혔다.

지역사랑상품권은 지자체가 발행해 지역 내에서만 쓸 수 있는 상품권으로, 올 7월 관련 법령이 시행되며 법적 근거를 갖췄다. 군은 법제처 표준안을 토대로 조례안을 만들어 연내 군의회 동의 절차를 거칠 계획이다. 장신상 군수는 지난 지선에서 지역사랑상품권 도입을 공약했다. (후략)

이 밖에도 코로나19로 타격을 입은 군민의 세제 유예 및 감면 혜택, 취약계층 직접 일자리사업 운영 등 각고의 노력을 기울였다.

나는 코로나19 위기 대응과 군민 삶의 질 개선 등에 기여한 점을 높이 평가받아 2021년 5월 〈2021 도전 자치단체장 대상〉에서 행정 리더십 부문상을 수상했다. 전국 228개 기초자치단체장을 대상으로 리더십, 전문성, 추진력, 지역 헌신과 기여도 등을 중점 심사해서 선정한 11명의 수상자 중 1인이었다. 시상식은 서울 중구 태평로1가 한국프레스센터에서 열렸다.

"코로나19 위기 속에서 지역의 안전과 발전을 위해 희생하고 함께 노력해 주시는 횡성군민과 횡성군 직원을 대신해 수상했다고 생이날 시상식에서 내가 밝힌 수상 소감이다.

코로나19 위기는 군민 모두 개인위생과 방역에 적극 참여하고, 대규모 행사나 종교 모임 등을 자제하는 등 합심해서 잘 막아냈다. 군민의 단합된 힘과 선진 시민의식으로 경제 위기까지 극복할 수 있었기에 감사한 마음이 크다.

대형 화재사고에 신속한 재난본부 가동

인생을 살다 보면 누구에게나 위기의 순간이 오곤 한다.

'위기는 기회다'는 말이 있고, 위기를 넘기면 기회가 오기 마련이다. 하지만 막상 위기가 닥치면 그렇게 생각하기가 쉽지 않다.

2021년 3월 29일 오전 10시 29분. 횡성읍 소재 공동주택인 그린빌라 1층 가구에서 화재가 발생했다. 사고 가구의 거주자 1명이 사망하고, 입주자 중 10명이 부상중상 2, 경상 8을 입었다.

같은 날 오후 3시에 12개 실무반으로 구성된 횡성군재난안전대책본부를 가동했다. 재난은 예고 없이 찾아왔지만, 피해와 후유증을 최소화하고 회복이 빨리 이뤄질 수 있도록 사망자와 부상자 및 이재민 지원과 화재 수습 대책을 논의했다. 각 부서별로 구성된 실무반 임무 대응 회의에서는 지원 가능 분야를 적극 발굴해 신속한 조치를 취했다.

빌라 입주민과 세 차례 간담회를 개최하며, 요구 사항을 수렴해서 함께 어려움을 극복해 나갔다. 주거·숙박·급식 등 이재민 지원, 긴급 안전 점검과 현장 수습 지원, 의료비신체 및 심리 치료 지원이 아낌없이 이루어졌다.

위기 속에서 든든한 버팀목이 되어주어야 했다. 갑작스레 찾아온 위기의 순간을 잘 극복하고 일상을 영위하도록…….

'위기 속에서 무너지지 않게, 촘촘한 복지로 사각지대를 해소하라.'

이는 나의 신념이기도 하다. 화재 사고를 예로 들었지만, '어떤 위기 상황에서도 먹고 살 수 있어야 한다'는 것이 위기관리의 기본이다. 나는 이를 위해 군의 역량을 쏟아 부었다.

아무리 어려운 상황에서도 군민은 일하며, 관계 맺고, 돈을 벌어 쓰면서 생활할 수 있어야 한다. 그리고 행정은 군민의 안전한 일상을 보장해야 하는 의무가 있다. 그것이 사랑을 기본으로 하는 위기관리의 첫걸음이다.

새로운 소통 문화로
열린 공감행정 도시

나는 횡성 발전과 군민을 위해서라면 언제 어디서든 누구와도 만나서 협의하고 토론했다. 군민과 함께하는 열린 공감행정, 화합행정을 앞장서서 추진했다.

군민이 군정 운영에 주도적으로 참여하고, 군민 스스로 자신의 삶과 마을을 변화시키기를 바랐다. 횡성군 전체에 그러한 선순환 구조가 뿌리내릴 수 있도록 솔선수범했다.

> "이제 횡성군도 작은 울타리 안에서 갈등하고 경쟁하는 작은 정치에서 벗어나 새로운 세상을 목표로 삼아야 합니다."
> - '제45대 횡성군수 취임사' 중에서

내가 횡성군수 취임사에서 언급한 '새로운 세상'이라는 목표는 군민 화합을 이루어야 도달할 수 있다.

누구에게나 공평하게 원칙이 적용되는 신뢰의 행정과 군민 간의 입체적 소통 실현이 최우선이었다. 각계각층의 작은 목소리에도 귀 기울이고, 군민의 생활 속으로 찾아가는 현장행정과 더 가까이 다가서는 소통행정으로 군민을 위하며 군민이 주인이 되는 군정을 펼치고자 했다.

군민 화합이 횡성 발전

모두가 체감할 수 있는 횡성의 대도약을 이루려면 전과 다른 소통문화 정착이 시급했다. 그 기반은 신뢰받는 행정을 구현하는 청렴하고 안정적인 공직사회다.

민선 7기 후반기에 설정한 횡성의 군정 목표는 '내가 이루는 도시, 꿈을 이루는 횡성'이었다. 군민 공모를 거쳐 확정한 모두의 목표로, 군민 한 사람 한 사람의 꿈을 모아 더불어 잘 사는 횡성을 만들고자 했다.

나는 가장 먼저 '반목·갈등·편가르기 등 화합을 저해하는 요인을 제거해 군민 화합을 이루겠다'는 약속을 내세웠다. 각종 의혹과 밀실행정, 비리 등을 척결해 일 잘하는 공직 풍토를 조성한 열린 군정으로 이를 실천해 나갔다.

군정모니터단 공감 · 소통 간담회
횡성군 · 군정모니터단

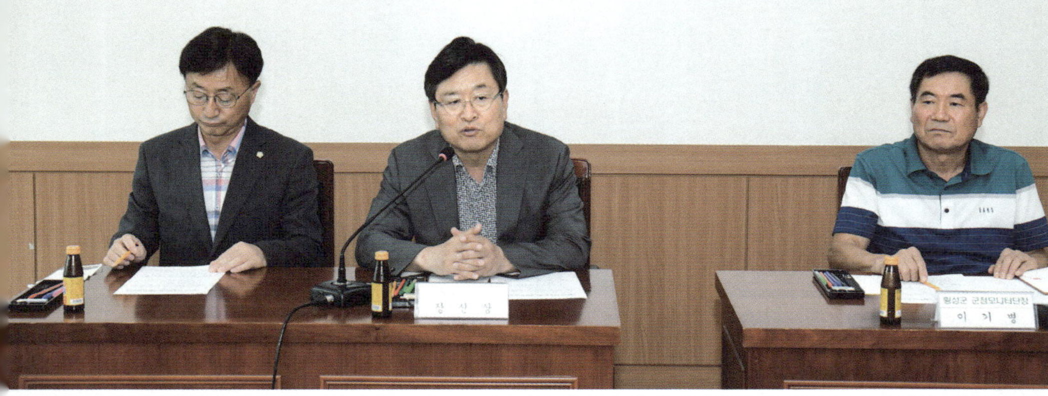

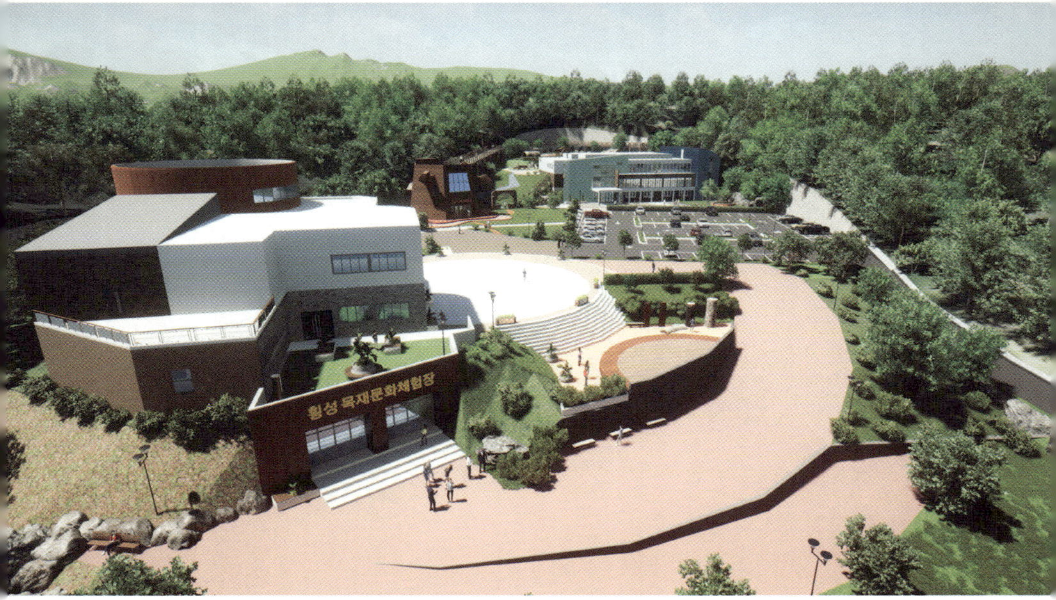
횡성 목재문화체험장

행정의 신뢰를 회복하고, 군민의 참여와 소통으로 모든 정책 과정을 공개하며, 민주적인 절차에 의해 모두가 공감하는 정책을 만들었다. 공직자뿐만 아니라 군민 모두 공유하고 끊임없는 소통과 이해를 통해 지역 발전에 기여할 내실 있는 사업을 발굴했다.

나의 주요 관심사는 '사람'이다. 오랜 기간 공직에 몸담으며 '행정은 결국 군민을 위한 것이고, 군민의 뜻이 담기지 않으면 아무런 의미가 없다'는 중요한 사실을 깨달았다. 그래서 매월 두 차례 정례 브리핑을 열고, SNS사회 관계망 서비스 등 채널을 다각화해 쉽고 빠르게 지역의 행사와 정책을 홍보했다.

주민의 생생한 의견을 듣고자 소통혁신위원회 구성 등 소통 창구도 넓혔다. 매주 금요일마다 의견을 듣는 군민회의를 열기도 하고, 군민 의사를 수렴하는 군민정책참여단과 군정모니터단, 군정 현안 협의 기구인 횡성공론화위원회 등도 운영했다.

군민의 목소리를 더 가까이 들으려 힘쓰며 몸은 바빠졌지만 마음만큼은 어느 때보다 행복감이 넘쳤다.

횡성장날에는 '열린군수실'도 운영해 소통행정 강화를 추구했다. 2021년의 '횡성군정 군민보고회'는 전 군민을 대상으로 확대 개최해 군민이 직접 군정 운영 현황을 확인하고, 향후 사업 방향을 파악할 수 있는 기회를 주었다.

이처럼 소통 원활화에 주력하면서 청렴한 행정과 친절한 서비스는 물론이고 공평하고 원칙 있는 행정이 되도록 노력했다. 이를 토대로 전 군민의 화합 여건이 조성되고, 나아가 지속적 발전을 기약할 수 있었다.

군민의 응집된 힘을 바탕으로 횡성 발전의 꿈을 이루겠다는 의지가 담긴 소통문화의 대전환을 꾀한 것에 보람을 느낀다.

함께 잘사는 게 최고

나는 종종 집무실에 직원들을 초대해 같이 밥을 먹었다. '함께 밥을 먹는다'는 건 자신의 마음을 보여준다는 것과 같다.

"초심을 잃지 않고 군민을 위해 일하겠다."

그 약속을 늘 다짐하는 자리였다. 어찌 보면 늦깎이 군수인 만큼 더욱 부지런히 움직이고 마음을 다해 약속을 지키려고 했다.

'내가 이루는 도시, 꿈을 이루는 횡성'을 이끌어갈 능력 있는 공무원을 발탁하고, 직원 각자가 적재적소에서 역량을 발휘함으로써 업무의 효율성과 집중도를 높이도록 하는 데 주력했다. 편안한 장소에서 직원들과 만나 허심탄회하게 이야기하며 소통의 접점을 만들었다. 신선한 발전 방안을 모색하는 '직원 공감 토크쇼'로 소통의 질도 높였다.

이렇듯 효율적인 조직 정비와 원활한 소통이 곧 민원 서비스의 질을 높이고, 지역 현안에도 속도를 낼 수 있는 원천이었다.

눈에 띄는 성과로는 2021년 상반기에 '목재문화체험장조성사업' 등 6개 사업이 공모사업에 선정되어 총 93억 원의 국·도비를 확보한 것을 내세울 수 있다. 또한 '2021 강원도 적극 행정 민원 처리 우수 사례 공감 콘서트'에서 스마트 민원 처리 안내 시스템 〈내-민원 바로〉가 최우수상을 수상했고, 〈2021년 전국 지방자치단체 일자리대상〉 우수상을 받았다.

인구를 늘리는 데는 일자리가 명약이다. 지방소멸 위기에서 살아남는 길이기도 하다.
2020년 10월 21일 자 〈강원일보〉 보도는 이모빌리티 사업의 청년 유입 효과에 대한 기대를 언급하고 있다.

횡성 이모빌리티 청년유입 효과 기대

[횡성]속보＝횡성 이모빌리티 산업이 정부 상생형 일자리 사업으로 지정(본보 20일자 1면 보도)되면서 청년인구 유입효과에 대한 지역사회의 기대감이 커지고 있다.

횡성군에 따르면 이모빌리티를 중심으로 펼쳐지는 강원도형 상생형 일자리는 차량 완제품 제조업체인 디피코와 6개 부품사가 총 503명을 직접 고용할 계획이다. 상생형 일자리사업 지정으로 인한 취업유발효과도 3,800명으로 예측됐다. 이에 사업 주무대인 횡성을 비롯해 주거와 상권이 활성화된 인접지 원주시까지도 배후도시로서 상승효과를 얻을 수 있다는 전망도 나온다.

군은 젊은 인력을 붙잡기 위한 정책을 속속 준비 중이다. 이모빌리티 공장이 위치한 우천일반산업단지 인근 양적리 마을에는 산업단지 근로자 정주 여건 개선을 위한 산단형 행복주택이 조성된다. 세대 규모는 80세대로 이모빌리티 기업 이주가 마무리되는 2023년에 앞서 건립이 완료될 계획이다. 군은 산단형 행복주택을 이미 입지가 확정된 60세대 규모의 마을정비형 공공주택사업과 연계 추진하며 미니복합타운을 만들 방침이다.

이와 함께 횡성형 청년 일자리 지원사업의 일환으로 외지에서 전입한 청년 근로자에게 지원금 월 20만원씩을 5년간 지급하며 초기 정착을 돕는다. 지역 대학과 손잡고 지역 인재를 이모빌리티 전문가로 길러내기 위한 교육과정 신설도 계획 중이다.

장신상 횡성군수는 "지역 산업의 틀을 바꾸는 중요한 시점을 맞은 만큼 단기 지원안은 물론 중·장기적인 관점을 더해 지원정책을 펴겠다"고 말했다.

나는 이 외에 거시적 안목으로 더 나은 횡성의 미래에도 관심을 소홀히 하지 않았다. 무엇보다 농촌인구 감소, 초고령화, 핵가족 등의 문제로 새로운 의미의 공동체 문화운동이 필요하다고 절감해 소통을 근간으로 한 '새문화운동'을 시작했다.

군민과 약속한 핵심 공약 중 하나인 '새문화운동'은 초고령사회에서 공동체가 더불어 잘 살기 위한 정책이다. 어르신들의 외로움 문제를 해결하는 외로움담당관제도 도입을 통한 나눔운동과 문화 생활의 기본적 제공을 목표로 다양한 생활문화운동을 추진했다. 여기에 더해 마을 공동체 교육 활성화, 소통혁신위원회 구성, 귀농·귀촌인 및 출향인 소통 네트워크 구축으로 공동체성 회복을 전개했다.

이와 같은 공명정대한 군정 운영은 횡성군의 청렴도를 2등급이나 올리는 결실을 맺었고, 군민 참여·소통제도와 '새문화운동' 추진 노력은 군민의 '횡부심'횡성에 산다는 자부심을 고양시켰다고 자랑스럽게 말할 수 있다.

사람의 향기가 넘치는
복지 도시

내게 횡성은 '꿈'이다. 나는 늘 '횡성의 꿈'을 꾼다.

삶의 터전에서 만났던 군민 한 사람, 한 사람의 얼굴과 목소리가 선하다. 언제나 따뜻하게 격려하고 응원해 주는 군민 여러분은 나의 꿈을 일깨우는 활력소였다. 진심 어린 비판과 질책은 꿈의 실현을 향하는 밑거름이 되었다.

내가 꿈꾸는 횡성은 '삶의 질이 높은 살기 좋은 행복 도시'다.

먼저, '삶의 질'의 의미를 곰곰이 생각해 본다. 먹고살기 바빴던 시절에는 '삶의 질'을 염두에 두지도 못할 만큼 욕구나 필요도가 극히 낮았지만, 절대적 빈곤을 극복한 지금은 높은 '삶의 질'이 행복한 삶의 필수 요소가 되었다.

'삶의 질을 제고하라!'

어린이가 바라는 삶, 청년층이 원하는 삶, 어르신이 누리고 싶은 삶은 각각 다르다. 그렇지만 결국에는 '외롭지 않고, 안전하고 쾌적하게 사는 것'이 핵심 아닐까. 그 속에 세대·집단별로 추구하는 재미와 힐링 healing, 문화가 있어야 한다.

나이·세대·지역을 불문하고 아침에 눈 뜨고 밤에 잠들 때까지 모든 시간과 공간을 더 좋게 만들기. 이것이 내가 생각하는 '삶의 질 제고'의 정의다.

모두가 살고 싶은 품격 있는 도시

"누구나 꿈꾸는 그곳, 삶이 품격이 된다."

모 건설회사의 아파트 홍보 광고가 매우 인상 깊었던 기억이 있다. 쾌적한 정주 여건을 한마디로 잘 표현했다고 평가된다. 내가 그리는 횡성은 그런 곳이다. 나는 좀더 구체적으로 이렇게 말하고 싶다.

'교통이 편리하고, 살 만한 집이 많아지고, 생활 편의성이 높은 곳! 그래서 삶이 품격이 되는 곳!'

나는 진심으로 횡성에 어르신도 많고, 젊은 세대도 많았으면 좋겠다. 물론 미래의 횡성은 나날이 좋아질 것이 분명하다.

그 횡성의 꿈을 실현하기 위해 나는 군수 시절 많은 일을 하고자 했다. 농촌의 이미지가 강한 횡성을 젊은이가 살고 싶은 도시, 남녀노소 누구나 생활하기 좋은 도시로 만들려는 사업들이었다.

복지와 안전 걱정 없이 건강하게 문화와 스포츠를 즐기며 쾌적한 청정 정주 여건에서 활기찬 신성장 동력으로 미래의 윤택한 삶을 살아가는 곳. 나는 그 꿈을 실현하는 것을 남은 인생의 목표로 삼고 있다.

그 진심을 담아 일했던 군수 시절의 실천은 〈제45대 장신상 횡성군수 이임사〉에서 밝혔다. 그 내용을 다시 한 번 되짚어 본다.

(전략)

처음부터 쉽지 않은 여정이었습니다. 코로나19라는 거친 파도를 뚫고 더 큰 바다로 나아가기 위해서 항해 준비를 서둘러야 했습니다. 군민 여러분께 횡성의 비전을 보여드리고 위기 속에 희망을 안겨드려야 했기 때문이었습니다. 맹위를 떨치는 코로나19로부터 군민의 안전과 건강을 지키기 위해서 방역에 만전을 기하였고, 전통시장 현대화사업, 횡성사랑카드, 횡성관광상품권 개발, 3차에 걸친 군민 재활지원금, 소상공인 재난지원금 지급으로 지역경제에 활력을 불어넣었습니다.

횡성의 신성장 동력이자 미래 먹거리 산업인 이모빌리티 산업의 안정적인 정착은 물론 관련 인프라 확충과 관광산업으로 확대 육성하기 위한 기반 마련에 나섰고, 지역 거점 스마트시티 조성사업과 연계해서 미래 첨단도시로서의 청사진도 완성했습니다.

신재생에너지 보급, 플라스틱 순환 등 탄소중립도시로서의 변화를 꾀하고 대학 등록금 지원, 마을 교육 공동체 운영, 횡성 인재 육성과 평생학습도시 재지정 등 명품 교육도시를 향한 주춧돌을 놓았습니다. 전국 최고의 횡성한우의 위상을 지켜서 14년 연속 소비자 신뢰 대표 브랜드 대상을 수상했고, 횡성사과를 추가해 8대 명품을 개편했습니다.

위례 신도시에 개장한 수도권 로컬푸드 매장은 판로 개척의 전략 거점이 되었고, 경축순환耕畜循環 농업 확산과 가축 분뇨 자원화 시설, 퇴비 유통 전문 조직으로 가축 분야에 대한 해법을 찾았습니다.

농촌 인력 중개센터 운영, 외국인 계절 근로자 프로그램 등을 통해서 고질적인 영농 인력 부족 문제를 해결하기 위해서도 힘을 쏟았습니다.

외로움 공감단 '베스트 프렌드', 보훈수당 인상, 효행·장려수당 지급, 보청기와 보행기 지원, 어르신 목욕·이미용 상품권 확대 지원, 보건소·여성건강의학과 신설, 산후관리비 인상 등을 통해서 횡성만의 차별화된 복지 서비스를 완성했습니다.

여성 친화도시는 2단계 지정에 성공했고, 유니세프 아동친화도시로서 아이들이 건강하게 성장하고 마음껏 뛰놀 수 있는 아동친화도시 횡성을 만들기 위해서 노력했습니다.

꿈을 이루는 횡성
당신이 있어 행복합니다!
'나도 치매파트너' 릴레이 인증
횡성군치매안심센터
당신이 있어
행복합니다!
횡성군치매안심센터
Hoengseong Gun

희망버스 개통! 활력이 넘치는 서원!
2021. 3. 2.(화) 서원면
서원희망버스

한국예총 횡성지회 설립, 은민 오케스트라 창단을 통해서 횡성 예술인들의 오랜 꿈을 실현시키고 문화도시 횡성 지정을 위한 첫 발을 내디뎠습니다.

횡성 호수길과 루지 체험장의 편의 시설을 확충하고 안흥찐빵 모락모락 마을의 본격 운영에 들어가는 등 문화와 예술이 흐르는 도시, 전국 최고 관광도시로서의 도약을 마쳤습니다.

횡성 앞뜰 2지구 도시개발 사업은 횡성의 도심 지도를 바꿔 놓을 것이며, 우천면 행복주택 건립과 신혼부부 주거 비용 지원사업은 청년과 신혼부부에게 편안한 보금자리를 제공해 줄 것입니다.

횡성 둔내 우천에서 추진 중인 도시재생사업은 낙후된 도시에 새로운 활력을 불어넣고 도심지 주차장 확충, 희망택시 및 희망버스 운행 등 더 편리하고 살기 좋은 도시를 만들기 위해서 끊임없는 노력을 멈추지 않았습니다.

더욱 친근하고 편안한 소통으로 군민 신뢰를 확보해 나갔습니다.

횡성 장날에 열린 군수실 운영, 횡성공론화위원회, 군정모니터단과 군민정책참여단 등을 통해서 군민의 군정 참여 폭을 넓혔습니다.

횡성군의 숙원사업, 각종 현안의 해결 방안을 찾기 위해서 열심히 뛰었습니다.

공군 참모총장을 만나서 군용기 소음 근본 대책 마련을 촉구했고, 상수원 보호구역 해제는 강원도 횡성군, 원주시가 참여하는 공동 용역을 추진했습니다.

송전탑 건설 문제는 뾰족한 실마리를 찾지 못해서 아쉬움을 남겼지만, 앞으로 지혜를 모아간다면 해법을 찾을 수 있을 것이라고 생각합니다.

사랑하는 횡성군민 여러분, 그리고 횡성군 가족 여러분.

여러분의 성원과 지지, 우리의 단결된 힘이 모든 것을 가능케 한 원동력이었습니다. 현장에서 만났던 군민 한 분, 한 분의 얼굴과 목소리가 지금도 선합니다. 군민 여러분의 따뜻한 격려와 응원은 지친 저를 깨우는 활력소였습니다. 진심 어린 비판과 질책은 더 나은 군정을 위한 밑거름이 되었습니다.

지금의 가장 큰 아쉬움이라면 더 많은 분을 만나고, 더 많은 이야기를 들어드리지 못했던 일들이 마음에 걸립니다. 하지만 저는 이 아쉬움은 민선 8기가 출범해서 꼭 풀어주시리라 믿습니다.

아울러 깊은 감사 인사를 전하고 싶은 분들이 있습니다. 저희 가족과 다름없는 횡성군 직원 여러분입니다. 어쩌면 외롭고 힘든 길이었지만 함께 걸어준 여러분이 있어서 결코 저는 외롭지 않았습니다. 능력 있고 성실한 여러분이 있어서 우리 횡성은 계속 발전해 나갈 것입니다. (후략)

외로움 공감단 '베스트 프렌드'

횡성은 '따뜻하고, 외롭지 않으며, 차별이 없는, 생애주기 건강한 복지', 즉 인간적 복지를 구현하는 곳이어야 한다. 내가 군민에게 약속하고 실천했던 '횡성형 복지'의 핵심이다.

국어사전에서는 '복지'福祉를 '행복한 삶'이라고 풀이한다.

사람들은 누구나 행복을 추구하기에 한 가지 의미로 정의 내리기 어렵다. 내게는 '인간은 살기 위해 행복을 추구한다'는 정의가 마음에 와 닿는다. 복지는 인간의 권리와 존엄성을 보장하는 기본 가치이며, 인간을 인간답게 살 수 있도록 한다.

지자체의 복지정책 시행도 주민의 행복한 삶이 목표다. 각 지역마다 고유의 문화와 사회 구조, 경제적 형태 등에 따라 필요한 정책을 구상하고 추진해 생활 향상과 사회 보장을 돕는다. '횡성형 복지' 역시 군민 삶의 만족도와 행복감을 높이는 특성화정책으로서 따뜻한 인간적 복지행정을 구현해 왔다.

대한민국의 복지정책은 불과 10년 전과 비교할 수 없을 정도로 방대한 규모와 촘촘한 지원 시스템을 갖췄다. 명실상부한 복지 선진국의 면모를 확립해 가고 있으며, 의료복지의 경우는 세계 최상임을 자부할 만하다. 그런데도 국민의 자살률은 몇 년째 OECD 회원국 중 최고치를 기록하고 있다. 절대적 빈곤에서는 벗어났지만 행복의 결핍으로 삶의 끝을 선택하는 상황이 안타깝다.

사회적 동물인 인간이 행복을 느끼지 못할 때는 언제일까?
바로 고립된 시간 속에서다. 여기에는 개인의 문제로만 치부되었던 '외로움'이 있다.

경제가 힘들어지고 돌봄이 끊어지면 소외된 이웃의 외로움은 더욱 커진다. 과거에는 너무나 자연스럽게 이루어지던 이웃 간의 교류와 관심이 점점 사라져가는 것이 아쉽고 무서운 현실이다.

'독거노인의 외로운 죽음, 고립된 생활을 하다 쓸쓸히 삶을 마감하는 사람들……'
언론 기사들을 접하며 지역사회 돌봄 공동체의 필요성을 뼈저리게 깨닫는다. 조사에 따르면, '횡성군민의 45%가 1인 가구이고, 횡성군민 40%가 소통할 상대가 없다고 여기며, 횡성군민 22%가 외로움을 느끼고 있다'고 한다.

돈으로 해결할 수 없고, 그대로 두면 생존의 문제로 직결되는 외로움과 공감의 부재를 해결할 필요가 있다. 외로움, 고독, 사회적 고립은 개인이 아닌 지역사회의 문제다. 그래서 횡성의 지역 공동체 중심으로 군민 간 소통과 공감의 일상화를 통해 인간의 존엄성을 회복하고자 추진한 프로젝트가 '외로움 공감단 베스트 프렌드'베프다.

횡성군에서는 소외된 이웃이 없도록 '외로움 공감단 베프'라는 주민 활동 조직을 만들고, 2020년 6월 이를 지원할 외로움정책 담당 부서를 행복나눔복지과에 신설했다. 같은 해 12월에는 '횡성군 외로움 공감과 치유에 관한 조례'를 제정해 횡성군민의 외로움을 공감하고 치유할 수 있는 제도적 기틀을 마련했다.

AED
Automated External Defibrillator
자동제세동기 (자동심장충격기)
설 치 시 설
복지 콜 센터
Tel. 033)340-2129
당신의 어려움을 함께 하겠습니다~
횡성군

횡성군의 외로움정책 방향은 외로움 공감단 베프 지역복지 활동가를 양성해 주민 주도로 군민의 외로움을 공감하고 어려움을 함께 해결하는 데 있다. 그 목표는 '주민 주도 외로움 극복, 지역사회 돌봄 공동체 강화'다.

이를 위해 외로움 공감단 베프가 지역 중심의 복지 활동가로서 역할을 수행할 수 있도록 횡성형 사회복지 전달체계를 구축했다. 그 역할 부여와 역량 강화 방안으로는 송호대 사회복지학과와의 업무협약을 통해 총 12시간의 베프 양성 교육 과정을 진행했다. 여기서 양성한 베프 인력은 100여 명에 달한다. 또한 외로움정책 담당 부서 내에 외로움공감복지콜센터340-2129를 설치해 전화 상담 서비스 체제도 갖췄다.

"돌봄 공동체를 강화해 외로움 문제를 해결할 수는 없을까?"

횡성의 특별한 외로움정책은 바로 이 질문에서 출발했다. 이는 누구도 소외되지 않고, 외롭지 않도록 횡성만의 특별한 돌봄 공동체를 만들어가는 시발점이 되어야 한다.

집안에 노인이 없다면 빌려라

2021년 말 기준 횡성 인구 10명 중 3~4명은 노인이다. 노인 인구비율이 높은 지역적 특성을 고려해 2020년 '어르신 지원을 위한 조례'를 신설하고 다양한 정책 시행과 사업 추진에 나섰다.

"초고령사회, 지역이 늙어간다."

저출산과 고령화 문제를 언급하며 언론에 항상 등장하는 이 말 때문에 '노인이 많은 지역은 낙후된 곳'이라는 부정적 이미지가 심어져 있다. 하지만 '집안에 노인이 없다면 빌려라!'라는 말도 있지 않은가.

노인의 경험과 지혜의 소중함이 점점 잊히는 안타까운 시대다. 빠르게 변화하는 현대사회일수록 지역 발전의 먼 길을 가려면 신지식에 노인의 지혜와 경험이 융합되어야 한다.

나는 어르신이 행복한 횡성을 만들고자 저소득 노인의 경제적 빈곤을 해결하는 기본 지원과 더불어 지역 내 모든 어르신이 함께 누리고 두루 혜택 받을 수 있는 정책들을 추진했다. '어르신이 행복한 도시 횡성'을 위해서였다.

- 행복돌봄 주간보호센터 인증 부여 및 돌봄 시간 연장 운영

- 취약 어르신 목욕·이미용 상품권 지원

- 보청기·보행기 지원

- 횡성군노인상담센터 설치(2021년 3월) 운영

- 어르신 일자리 지원, 노인 맞춤 돌봄 제공

- 경로당·마을회관(4개소) 신축 및 189개소 경로당 운영 지원

- 노인대학 5개소 비대면 운영

- 어르신들의 건강 여가생활 기반 횡성군 노인회관 건립 추진
- 횡성군공설묘원 공원화를 위한 자연장지 조성사업 추진
- '효행장려수당' 월 3만 원 지급(만 80세 이상 어르신 봉양 3대 이상 구성 가구)

도내 첫 국립묘지 횡성호국원 유치

6.25 참전 유공자 등 보훈대상자 지원 확대는 그분들의 숭고한 희생과 헌신에 조금이나마 보답하는 일이다.

"어서 오세요. 여기는 애국의 고장 횡성입니다."

운전자라면 한 번쯤 들어보았을 내비게이션 안내 멘트다. 횡성 지역의 선조들은 국난의 시기마다 분연히 일어나 나라를 위해 싸웠다.

강원도 3.1만세운동의 효시가 횡성이며, '횡성 4.1만세운동'은 도내에서 가장 큰 규모로 이뤄진 일제 강점기 독립운동이었다. 민족 최대의 비극 6.25전쟁에서도 국가 존립의 위기 앞에 앞장섰다. 이는 횡성이 도내 처음으로 국립묘지 횡성호국원을 유치하는 충분한 이유가 된다. 〈강원일보〉가 2021년 11월 14일 자로 관련 기사를 보도했다.

횡성군 국립호국원 유치 도전장

[횡성] 횡성에 국립호국원 유치가 추진된다. 횡성군은 제5차 횡

성공론화위원회의 최종 권고안을 받아들여 국립호국원 횡성 유치 추진을 결정했다. 위원회는 10월 27일부터 지난 5일까지 서면회의를 통해 최종 권고안을 의결했다.

국립호국원 유치 의제에 대해 위원회는 전국에서 유일하게 국립묘원이 없는 강원도의 묘원 설치 계획에 따라 횡성군의 해당 시설 유치가 타당하다는 의견을 제출했다. 특히 위원회는 횡성에서 4.1만세운동을 비롯해 지역 항일 독립운동이 활발했고 네덜란드 참전비가 있는 우천 등 6.25전쟁 격전지의 역사성이 크다고 판단했다. 또 뿐만 아니라 주요 고속도로와 국도의 교차, KTX와 항공 교통 등 최적의 접근성으로 판단해 볼 때 타 지역과 비교우위의 강점이 있다고 분석했다.

위원회는 유치 제안 과정에서 횡성만의 강점을 충분히 부각시키면서도 참신하고 주목할 만한 특색 논리 개발이 필요하고 호국원이 단순히 국가 운영시설이 지역에 위치한다는 의미를 벗어나 주변 문화관광자원과 연계해 방문자 확대의 시너지 효과를 거둬야 한다고 덧붙였다. (후략)

호국의 고장이자 애국의 고장 횡성이기에 당사자와 후손을 대상으로 하는 보훈사업은 그만한 가치가 있다.

6개 유형 보훈 수당별 2~10만 원 인상 지급과 7개 보훈단체 운영 지원 등의 보훈정책은 향후 더욱 확대해 품격 높은 횡성의 이름을 빛내야 한다.

다름의 인정, 함께하기

국민학교^{현 초등학교} 시절 이야기다.

우리 반에 조금 다른 아이가 있었다. 심하지 않은 발달 장애를 지닌, 순하고 잘 웃는 친구였다.

"야, 쟤는 우리랑 좀 틀리지 않냐?"

그를 괜히 만만하게 보고 괴롭히던 한 친구가 말했다. 그때 담임선생님이 말씀하신 게 아직도 기억난다.

"틀리긴 누가 틀려! 그냥 다른 거지."

다름의 인정, 참 중요하다. '인권'을 수없이 이야기하지만 다름을 틀림으로, 혹은 특별함으로 이해하면 말짱 도루묵이다.

물론 장애를 개성으로 볼 수는 없다. 장애도 다름이고 개성도 다름이지만, 장애는 배려와 관심과 지원이 필요한 다름으로 받아들여야 한다. 다문화 분야 역시 그렇다. 언어·문화·인종의 차이가 제약이 되지 않도록 다양한 지원을 통해 삶의 질을 높이고 기회의 평등을 제공해야 한다.

- 장애인 복지 증진을 위한 보람원 증축(200㎡)

- 횡성군 장애인직업재활시설 2개소 운영

- 장애인회관 리모델링 사업 준공, 입주단체 지원(14개 단체)

- 장애인목욕탕(이동목욕차 포함) 운영

- 장애인 활동 지원, 장애아동가족 지원

- 장애인 일자리사업 추진

- 2020년 9월 횡성군 장애인체육회 출범

- 횡성군건강가정다문화가족지원센터 운영
  - 횡성군 다문화학교(2021년 결혼이민여성 7명 검정고시 합격)
  - '다 모여 TV' 개국(결혼이민여성 유튜브 채널)
  - 이주여성 취업 지원 및 한국어 교육, 다문화 가족 돌봄 프로그램 운영

복지 사각지대 해소

어려울 때일수록 사회적 약자가 소외되지 않고 안정된 생활을 영위할 수 있는 횡성. 사회안전망을 통한 자원봉사 활동을 한층 활성화시켜 취약계층 보호와 서민 생활을 따뜻하고 세심하게 배려하는 데 모든 힘을 쏟아야 한다. 그늘진 곳에서 힘들게 살아가고 있는 이웃들이 희망 있는 삶을 꾸려가도록 하는 것이 중요하다.

아이와 어르신, 여성과 장애인, 다문화 가정 등 어느 누구도 소외되거나 어떤 영역도 복지 사각지대로 남아서는 안 된다. 그러자면 적재적소에 맞춤형 복지 서비스를 제공하려는 최선의 노력이 필요하다. 기존의 복지 혜택을 받지 않았어도 위기 극복에 필요한 복지 사각지대

를 찾아 적절한 지원이 이루어질 수 있도록 아래와 같은 추가적인 노력이 필요하다.

- 한시 생계 지원금 지급
- 입원·자가격리자 생활 지원비 지급
- 복지 사각지대 해소를 위한 긴급 복지 지원
  (긴급생계비, 의료비, 연료비 등)
- 결식 우려 대상자(재가 어르신, 장애인, 아동) 도시락 배달사업 추진
  - 급식사업단 1일 1회 도시락 배달

자손들이 떠나지 않고
살고 싶은 도시

횡성은 잠시 잠깐 스치는 곳이 아닌, 청년부터 어르신까지 오래 머무르는 주거지면 좋겠다. 내가 살기 좋고 내 후손도 대를 이어 살기를 바라는 마음이 드는 고향이 되어야 한다.

나는 정주 여건 개선책을 수립할 때 외지인의 입장에 서서 묻곤 했다. "이곳에서 결혼해 아이를 낳고, 그 아이가 또 아이를 낳고……. 그렇게 계속 뿌리를 내리고 살겠는가?"

쾌적한 정주 여건을 조성하고, 군민의 욕구에 민감하게 반응하는 세심한 행정을 펼치는 것이 우선이다. 훌륭한 환경에서 건강하게 살기 편리한 곳이어야 횡성의 재도약을 이끌 수 있다.

그 일환으로 청년들의 횡성 정주를 위한 정책인 '청년기본조례'를 제정했다. 이에 대해 〈강원도민일보〉에서 2021년 1월 21일 자로 다음과 같이 보도했다.

횡성군 청년층 인구유입 촉진 조례 제정 나서

[속보] 노인비율이 도내 최고로 치솟은 횡성군이 젊은층의 사회참여 보장과 인구 유입을 촉진(본지 1월18·19일자 14면)하기 위한 조례제정에 나서 주목된다.

군은 내달 중 청년층의 종합정책 수립과 체계적인 지원을 위한 '청년기본조례안'을 입법예고할 방침이라고 20일 밝혔다. 이번 조례안은 횡성에 거주하거나 생활하기를 희망하는 청년의 중장기적 고용 및 정착을 위한 지원 근거를 마련하는 한편 청년들의 사회적 참여를 보장하는 내용이 담길 예정이다. 특히 매년 청년의 고용·생활·교육·문화·여가에 대한 실태조사와 함께 청년위원회를 구성, 분야별 주요 청년정책에 대한 분석과 평가를 실시하는 근거가 마련된다.

또 청년정책은 일자리 대책수립과 창업육성, 실직자·취업준비 청년 및 1인 가구 청년의 주거안정, 결혼 및 보육 등 생활 전반의 지원책 등을 마련하도록 규정했다. 이와 함께 청년공간 설치와 청년단체 행·재정적 지원근거도 조례안에 담긴다. 청년조례안은 내달 입법예고에 이어 3월 중 조례규칙심의회 절차를 밟아 이르면 4월 중 군의회에 상정될 예정이다. (후략)

좋은 일자리 있는 도시가 최고

사람마다 선호하는 주거의 조건은 차이가 있겠지만, 공통적인 기준은 같다. 살 만한 집, 안전한 보행 환경, 편리한 대중교통, 정비된 교통망 등이 기본이 된다.

정주 여건의 핵심은 '여기서 오래오래 살고 싶다!'이다.
택지 개발, 공동주택 보급, 노후 주택관리 지원, 생활 SOC사회 간접 자본 구축 등으로 누구나 살고 싶은 도시로 재탄생해야 한다.

'내가 만드는 삶터·일터·쉼터, 다시 꿈꾸는 활력도시 횡성'으로! 이를 실현하고자 나는 실천했고, 더 나은 방법을 구상한다.

- 횡성 앞들지구 도시개발사업 추진

- 우천면 행복주택 공급(140세대), 횡성읍 공동주택 공급(392세대)

- 노후 공동주택(7개소) 관리 지원 및 3,528세대 부대시설 지원

- 군도·농어촌도로 확포장사업 추진(9노선)

- 안전한 보행 환경 조성을 위한 인도 설치사업(7개 지역)

- 대중교통 미운행 지역 희망택시 및 희망버스 운행

- 주민 주도형 대규모 도시재생사업 추진

  - 횡성읍 구리고개, 2021년 도시재생예비사업 비즈니스 분야 우수상 수상

  - 횡성읍 구리고개, 2020년 도시재생 주민역량강화사업 국토부장관상

    (대상) 수상

누구나 살고 싶은 가장 중요한 환경은 먹고살 수 있는 일자리의 뒷받침이다. 일자리가 없는 도시는 금방 무너진다. 소위 소멸의 위기에 놓인 도시들의 공통점의 하나가 좋은 일자리의 부재다. 시골 도시 횡성의 여건상 쉽지는 않았지만, 일자리 창출 노력은 전국 최상위권으로 인정받고 있다.

다음은 2021년 7월 7일 자 〈강원일보〉에 보도된 기사 내용이다.

횡성군 일자리 정책 전국 최상위권

[횡성] 횡성군의 일자리 창출 노력이 전국 최상위권으로 인정받았다. 군은 '2021년 전국 지자체 일자리대상' 시상에서 우수상인 고용노동부 장관상을 수상했다고 7일 밝혔다.

이번 수상으로 군은 일자리 창출 관련 국비 7000만 원을 지원받는다. 전국 지자체 일자리대상은 고용노동부가 243개 지자체를 대상으로 지역 일자리와 관련한 자치단체의 일자리 정책을 종합적으로 평가, 시상하는 중앙정부 일자리 분야 최고의 상이다.

군은 민선 7기 출범 이후 농촌지역 난제인 고령화, 청년 유출, 일자리 부족 문제 해결을 위해 지속 가능한 실질적 일자리 창출을 목표로 이모빌리티산업을 미래 먹거리로 발굴했다. (후략)

여성·아동·가족 친화 환경

사회적 약자인 여성과 아동이 안전하고 행복한 도시라면, 모두가 행복하고 안전할 수 있다.

횡성은 가족친화도시이고, 여성친화도시이자 아동친화도시다.

가족친화 직장문화 조성, 근로자의 출산 및 육아 등 일·가정 양립 지원으로 여성가족부로터 지난 2015년 12월 가족친화인증기관에 이어, 2020년 재인증을 획득했다.

2016년 12월에는 여성가족부 인증 여성친화도시 지정을 받았고, 2020년 2월에는 유니세프 아동친화도시 지정을 이뤄냈다. 강원도 최초이며, 전국 군 단위 세 번째 아동친화도시 인증 성과로 횡성군은 2021년 5월, 아동친화도시 조성 유공 지자체 보건복지부장관 표창도 수상했다.

'가족친화, 여성친화, 아동친화 3관왕 횡성!'

이에 걸맞은 내실 있는 정책은 '모두가 함께 행복한 횡성'을 추구하는 저력이다.

여성친화도시 및 아동친화도시 인증에 따른 전략사업의 본격 추진은 여성과 아동의 권익을 증진하고 있다.

나는 여성친화도시 특화사업 추진에서 다각화 시동을 걸었다. 남성과 여성의 임금 격차를 줄이는 '횡성형 여성 일자리사업'으로 성평등한 임금체계를 구축하는 것이 먼저였다. 주민이 주체적으로 성평등문화

2020년에 이어 2021년에 재지정 받은 여성친화도시 현판제막식

를 만들어가는 '성평등 마을'도 확대해 나가야 한다.

또 중점을 둔 것은 '횡성 여성문화의 날'의 지속적 운영, 매달 마지막 주 수요일 횡성시네마 영화 무료 관람 지원 및 면 지역 '도란도란 토크콘서트' 개최, 문화 탐방길횡성 호수길 지원 등 문화 혜택 제공의 다양화다.

이 외에도 여성 안심 보안관사업, 횡성형 돌봄 마을 교육 공동체사업을 통한 가족 친화 환경 조성, 안전한 공공시설물 사용을 위한 군민참여단 모니터링, 공공건축물 신축 및 리모델링 시 유니버설디자인 전문 컨설팅 등의 지원도 유용하다. 저출산 극복을 돕는 산후관리비 지원을 확대하고, 임신과 출산을 장려하는 정책도 적극 발굴해 나가야 한다.

한편, 2021년 말 기준 횡성의 아동 인구0~18세는 5,201명으로 전체 인구의 11%에 해당된다. 이처럼 적은 아동 인구에 인프라가 취약한 데도 아동의 권리 향상과 지역사회 참여를 유도하는 27개 전략사업을 추진해 강원도 최초로 아동친화도시 인증을 받았다.

전략사업 중에는 '아동친화도시 조례' 제정을 비롯해 아동참여위원회, 어린이기자단, 아동정책 간담회 추진 등이 포함된다.

지역 아동의 목소리를 정책에 담고 이를 현실화할 수 있도록 '아동·청소년정책 제안대회' 개최와 우천문화체육공원 내 '우천면 청소년문화의 집' 건립도 구상했다. 이는 면 소재지 지역 아동·청소년이 학습과 놀이를 동시에 즐길 수 있는 전용 공간 확대를 기대할 수 있다.

여기서 하나 더 말하고픈 사실이 있다. 나는 군수 재직 시절인 2021년 8월에 산부인과 의사를 횡성군 보건소장으로 임용했다. 산부인과의원이 없는 횡성군의 임산부들을 위한 조치였다. 당시 많은 언론이 이에 대해 보도를 하며 칭찬을 해준 기억이 난다.

'건강을 잃으면 다 잃는다' 평생 건강한 도시

'건강을 잃으면 다 잃는다'는 말이 있다. 건강이 그만큼 중요하다는 뜻이다. 일찍 자며, 삼시세끼 잘 챙겨 먹으면서 운동하고, 술·담배를 하지 않으면 건강할 수 있을 것 같은데, 사회 생활을 하면서 그렇게 살기는 쉽지 않다.

'각자의 건강 상태에 맞춰 더 나은 건강 생활을 하도록 하고, 질병이 있어도 잘 관리하면서 건강하게 치료할 권리까지 제공하는 건강도시'

횡성군은 개개인의 생애주기에 걸쳐 맞춤형 건강관리를 지원하는 '군민의 동반자'여야 한다. 질병 예방과 유질환자 체계적 관리, 임산부 지원을 통해 군민의 행복하고 건강한 일상이 보장되기를 바란다.

- 공공의료 서비스 확충을 위한 의료 시설 개선(보건지소 4, 진료소 1)
- 찾아가는 방문 건강관리
- 만성질환자 및 유질환자 합병증 예방관리
- 금연 클리닉 운영
  - 보건복지부 주관 〈2020년 지역사회 금연사업〉 우수기관 선정
- 건강 플러스 마을(3개 면) 걷기 생활 실천화 및 걷기 앱 워크온 사업
- ICT 기반 식품안전관리와 위생업소 환경 개선
  - 〈2021년 식품안전관리 평가〉 우수기관 선정
- 치매안심센터 운영으로 치매통합관리 서비스 제공

- 필수·선택 예방 접종(27종) 및 고혈압, 당뇨, 관절 통증 치료비 지원
- 임신·육아 원스톱 서비스, 산후관리비 지원 확대
- 찾아가는 산부인과 운영(월 2회)
- 비대면 임산부 프로그램 활성화로 행복한 출산 분위기 조성

'군수님, 벤치부터 고치세요'

군민을 만나 이야기를 나누다 보면 '아차' 싶을 때가 있다. 날 선 한마디에서 그간의 불편이 느껴진다.

"군수님, 우리가 진짜 원하는 게 뭔지 아십니까? 정작 저 공원 벤치부터 안 고치고, 뭘 자꾸 다른 일을 벌이기만 하세요!"

행정을 추진하다 보면 욕심이 생기고, 두루두루 많은 군민이 혜택을 누릴 수 있도록 규모를 키우곤 한다. 그렇게 관심을 쓰다 보면 소소하지만 군민의 생활에 직접적 영향을 미치는 생활 불편 사항들이 미처 개선되지 못하는 경우가 발생한다.

아무리 크고 멋들어진 도시 개발사업이 추진된다 한들 시가의 가로등이 밤새 꺼져 있다면 과연 살기 좋은 곳일까?

나는 생활 속 작은 불편이 삶의 질을 저해하는 큰 요소임을 인식하고, 군민의 입장에서 한결 편리하고 쾌적한 환경이 되도록 신경을 썼다. 어

린 시절, 혹여 등이 배길까 이부자리 반듯하게 펴주시던 어머니 손길처럼 군민의 일상이 불편하지 않도록 세심히 챙기고 빠르게 조치했다.

- 생활민원기동처리반 운영
- 전국 최초로 민원 처리 과정을 핸드폰으로 확인하는 〈내 민원 바로 알림〉 스마트 시스템 운영
  - 〈2021 강원도 적극행정 민원처리 우수 사례〉 최우수상 수상
- 원스톱 방문 인허가 전담창구 운영
 - 〈2020 국민생활밀접 민원제도 개선 우수 사례 경진대회〉 국무총리상 (은상) 수상
 - 〈2020 강원도 적극행정 민원처리 우수 사례〉 최우수상 수상
- 무인민원발급기 24시간 운영 확대 및 제증명 무료 발급
- SNS 생활불편민원 접수 〈할말 있소, 횡성〉 채널 운영(페이스북, 카카오톡)
- 원주세무서 출장민원실 개소(국세 제증명 14종 발급, 사업자 등록 및 휴·폐업 신고)
- 어르신 맞춤형 고지서 제작 발행
  - 2020년 12월 〈지방세정 운영 종합 평가〉 우수
- 토지분할허가 〈퀵_원스톱〉 서비스 시행 및 토지주택 민원 실시간 상담을 위한 카카오톡 채널 개설

4

—

미완의 약속과
미래 비전

횡성의 미래를 여는
교육 도시

횡성은 지역 교육이 나아갈 길을 장기 전략으로 세우고, 시대의 흐름과 군민의 요구를 반영한 단기 전략을 병행해 명품 교육도시를 이루어야 한다.

'우리 아이들이 횡성에서 태어나, 횡성에서 명품 교육을 받고, 횡성에서 좋은 일자리를 얻어 행복하게 살아갈 수 있다면 내 한 몸 불사르리라!'

다소 과하게 들릴 수도 있지만, '명품 교육도시 실현'이라는 나의 궁극적 목표를 이루려면 이 정도 각오는 해야 하지 않겠는가. 나는 군수가 되었을 때 '우리 지역만큼은 청소년들이 걱정 없이 공부하는 도시로 만들겠다'고 생각했다. 횡성의 미래인 청소년들이 행복하면 그 가정도, 그리고 모든 군민도 행복해질 것이라는 믿음이 있어서였다.

'교육은 백년지대계'라고 한다. 교육은 매우 중요하니, 100년 앞을 내다보는 장기적 안목으로 계획을 세워야 한다는 말이다. '한 아이를 키우는 데는 온 마을이 필요하다'라는 격언도 있다. 교육은 학교만이 아닌 지역사회가 머리를 맞대고 풀어나가야 할 과제라는 의미다.

언젠가 '아이 한 명을 양육하는 데 평균 2억 원이 필요하다'는 기사를 본 적도 있다. 어마어마한 액수에 깜짝 놀랐다. 사교육비 부담은 날로 가중되고 있는 현실이다.

군민에게 '교육'이 부담이 되지 않게 '포용'의 가치를 실현해야 한다. 지식과 기술의 습득을 넘어서 사람으로서 품격을 갖추게 하는 교육의 중요성은 막대하다. 횡성의 미래 또한 교육이 좌우한다. 오늘날 대부분의 농촌 지자체가 겪고 있는 어려움 가운데 하나가 교육 경쟁력이다.

횡성을 명품 교육도시로 만드는 데 역량을 집중해야 할 이유다. 나는 유아부터 대학까지 경제적 부담 없이 아이를 키울 수 있도록 환경적·행정적·재정적 지원을 적극 뒷받침해 횡성의 교육을 살려야 한다고 주장해 왔다.

무상 교육 3종 세트는 포용적 교육 철학에서 출발

횡성군의 교육 가치는 '사람, 지역, 포용'이다. 이를 바탕으로 한 명품 교육 환경을 조성하고자 2021년 4월 '횡성군 교육 발전 기본조례'를 전면 개정했다. 학령인구 감소 문제에 대응하며 미래 교육 청사진을 그리기 위한 '2030 횡성 명품 교육발전계획'도 수립했다.

강원도 최초의 '마을 교육 공동체 지원 활성화 조례' 제정은 군-교육지원청-민간 사회적 협동조합 '마을'의 교육 협력 거버넌스governance를 자리 잡게 만들었다. 이는 지역 공동체 교육 강화의 시금석이다.

면 지역 초등학생 대상의 마을 교육 공동체 '횡성 다함께 교육'은 자라나는 어린이들이 차별 없이 교육받고 꿈을 키울 수 있도록 본격 확대되었다. 공근·우천·안흥·강림 4개 지역을 우선 실시하고, 2022년 갑천·청일 확대로 완성 단계에 이르렀다. 이는 방과 후 돌봄 공백을 해소하고, 횡성형 마을 교육·지역과 함께 성장하는 미래 교육의 선순환구조를 조성했다.

교육비 부담을 낮추는 '포용적인 횡성 교육'을 내세운 것은 명품 교육도시 도약의 발판이다. 무상 교육과 무상 급식, 무상 교복으로 대표되는 '무상 교육 3종 세트'를 완벽하게 지원하고, 20억 원의 학교 교육경비 지원을 통한 학교 방과 후 교육 추진 등으로 학부모의 교육 부담을 대폭 낮췄다.

아울러 횡성인재육성 장학금과 별개인 '대학생 등록금 지원사업'으로 횡성 출신 학생들이 경제적 이유나 지역의 제한 때문에 꿈을 펼치지

통치화도시 인권기념 현판 제막식
일시 : 2020.5.29.(금)
경성군

못하는 일이 없도록 날개를 달아주었다.

횡성인재육성관 운영은 관내 중·고생 무료 교육과 진로 컨설팅으로 수도권 소재 대학에 대거 진학하는 쾌거를 거뒀다. 뿐만 아니라 인재육성관 출신이 성장해서 횡성으로 돌아와 지역 발전을 위해 일하는 선순환도 이뤄지고 있다.

2012년 설립된 횡성인재육성장학회는 다양한 장학금 지원을 통한 지역 인재 양성의 산실로서 자리매김했다. 이 같은 '사람에 대한 투자'에 아낌없이 지원한다면 명품 교육도시를 완성할 횡성의 인재들이 탄생할 수 있다.

- 3종 무상 교육(무상 교육, 무상 급식, 무상 교복)을 위한 학교 교육경비 지원
- 마을 교육 공동체 '횡성 다함께 교육' 본격 확대
  - 만 12세 이하 취약계층 아동 맞춤형 통합 서비스 드림스타트 사업
  - 2020년 12월 보건복지부 〈드림스타트 우수 사례 경진대회〉 장려상 수상
- 셋째아 이상 자녀학습비 지원(셋째아 60만 원, 넷째아 96만 원)
- 만 12세 이하 취약계층 아동 및 가족 지원
- 미래 교육 청사진 '2030 횡성 명품 교육발전계획' 수립
- 횡성인재육성관 운영

- 횡성인재육성장학회 열정키움 장학 지원(자산 규모 86억 원)
- 횡성군 대학생 등록금 지원사업
- 2020년 9월 '횡성군 대학생 등록금 지원조례' 신설(횡성인재육성장학회
  위탁 운영: 인재육성장학금, 열정 키움 장학 지원, 소망 이룸 장학 지원,
  관내 대학 학생장학금 등)

차별화와 특화된 평생 교육 추진

변화가 빠른 현대사회에서 학창 시절 배운 교육만으로 살아간다면 홀로 다른 세상에 던져진 것 같지 않을까.

어른이 되어서도 배우고 익히는 일이 즐거울 수 있어야 한다. 시간 여유가 없어서, 또는 방법을 몰라서 등 여러 가지 이유로 배움의 기쁨을 빼앗긴다면 안타까운 일이다.

"전 생애에 걸쳐 끊임없이 배우고 익힐 수 있는 좋은 교육이 군민 모두의 생활 속에 함께할 수 있도록 노력하겠다."

0세부터 100세까지 필요한 맞춤형 교육 지원을 통해 명품 교육도시를 완성하려는 약속이다.

횡성은 2007년 평생학습도시로 최초 지정된 바 있다. 2008년부터는 평생학습축제 개최, 성인 문해 교육기관 '횡성소망이룸학교' 및 평생

학습 프로그램을 상시 운영해 왔다. 이 학교는 〈대한민국 평생학습대상〉 우수상을 수상했고, 타 지자체가 벤치마킹하는 평생학습의 좋은 예로 손꼽힌다.

평생학습체제 재구축은 횡성읍 읍하리 일원에 건립한 '365채움관'과 평생학습도시 재지정으로 본격화했다. 365채움관은 지하 1층·지상 6층 규모로, 생활문화센터와 가족센터 및 노인여가복지시설 등으로 조성되어 평생학습 공간의 기반이 된다.

이 밖에 재사회화가 필수인 시대 흐름에 발맞춰 '평생학습 아카이브 사업'도 추진했다. 이 사업을 통해 매년 개최되는 평생학습축제와 연도별 군정 주요정책 성과 및 자료를 보관하는 기록물 시스템 구축에 들어갔다.

군민이 즐겁고, 부담 없이, 생활 속에서 배우고 익힐 수 있는 평생학습 도시. 그 일환으로 온라인학습장, 동네학습장, 문화·교양·문해학습·취미·창업 등의 생활문화 전반을 아우르는 평생학습 전용 홈페이지를 만들었다. 그리고 전문가 초청 교육, 주민 참여의 소확행 프로그램, 쌍방향 참여 교육을 통해 군민 모두 평생학습의 주체가 될 수 있도록 노력을 기울였다.

젊은 시절에 교육의 기회를 놓쳐 배움의 꿈을 안고 계신 어르신들이 있다. 교육을 원하는 군민이라면 나이 불문 학생이다. 횡성은 평생학습으로 전 연령대가 공부하는 명품 교육도시의 모습을 보여줄 수 있다.

- 횡성읍 읍하리 '365채움관' 건립(아동~노인 전 세대를 위한 평생학습·문화 공간)
- 맞춤형 평생 교육 서비스 및 성인문해 교육 추진
  - 횡성군, 교육부 주관 '2020년 성인문해 교육 지원사업' 선정
- 노인대학 11개소 운영 지원
- 어린이집 특성화, 특별활동비 부모부담금 지원

문화를 꽃피우고
활력이 넘치는 도시

군민의 심신을 풍요롭게 하는 문화, 스포츠 육성은 삶의 질을 높이는 데 큰 역할을 한다. 이는 지방 소멸 시대의 해결에도 도움이 된다. 횡성은 문화를 꽃피우고, 스포츠의 활력이 넘치는 역동적인 도시로 자리매김해야 한다.

문화와 예술을 향유하며, 생활 속에서 스포츠를 관람하고 직접 체육 활동을 즐기는 시대다. 그리고 융합의 시대가 열렸다. 군민의 심신 행복과 생활 여건의 개선에만 안주하는 것으로는 만족스럽지 않다. 문화·스포츠 산업이 인구 문제를 해결하고, 지역경제 활성화의 열쇠가 될 수 있도록 긴 안목으로 횡성 발전의 길을 열어가야 한다.

'각종 문화행사, 스포츠 대회, 축제, 관광 등을 즐길 목적으로 방문하는 사람들을 횡성의 관계 인구로 육성한다면 어떨까?'

현재의 거주자는 아니지만 거주자만큼이나 지역에 사회·경제적으로 공헌하게끔 유도하고, 더 나아가서는 횡성을 미래의 거주지로 점찍을 수 있게 전략을 수립해 보자. 그렇다면 실제 횡성의 주민등록 인구수는 적더라도 지역 발전의 동력으로 삼을 저변은 대도시 못지않게 넓힐 수 있다.

횡성 고유의 전통문화와 다양한 레저, 스포츠를 꽃피워야 한다. 여기에 더해 산림, 생태 체험 등이 어우러진 관광 자원을 풍부하게 가꾼다면 금상첨화다.

군민은 문화 체험을 일상화하며, 예술에 취하고, 어디서나 쉽게 체육 활동을 즐길 수 있는 문화·체육도시에서 살아갈 자격이 충분하다. 횡성은 그 보금자리가 되어야 한다.

횡성 역사·문화의 재발견
"오직 한없이 가지고 싶은 것은 높은 문화의 힘이다."

민족의 지도자 고故 백범 김구 선생의 말이다. 부국富國도 아니고, 강국強國도 아니다.
강대국들에게 둘러싸인 지리적 특수성으로 숱하게 침범당하고 결국 나라까지 빼앗겼는데도 그가 꿈꾼 나라는 높은 문화의 힘을 가진 아름다운 나라였다.

세계를 선도하는 K-문화, 소프트파워 대국이 된 대한민국을 보며 백범 김구 선생의 꿈이 실현된 것 같아 가슴이 벅차다.

지금 높은 문화의 힘이 눈앞에 현실화하는 모습은 국민적 자부심까지 심어준다. 그 무엇보다 웅대한 소망을 품었던 한 선각자의 선견지명이 더욱 소중하게 다가온다.

문화는 공동체의 모든 것을 가리킨다. 횡성이라는 공동체의 문화 역시 마찬가지다.

횡성에는 국난의 시기마다 분연히 일어나 하나 되어 폭압에 맞선 기개가 있다. 장례 의식에서 부르는 〈회다지소리〉마저 다 함께 즐기는 축제로 이어가는 흥이 충만하다. 따라서 횡성의 문화는 '기개'와 '흥'으로 말할 수 있다. 마을마다 개최하는 행사에 가보면 모두가 춤꾼, 노래꾼이어서 웬만하면 감히 마이크 한 번 못 잡아보고 연신 손뼉만 치고 있어야 할 정도다.

이제 횡성의 문화는 어디로 향해 가야 할까?

비장한 기개를 흥으로 감싸고 살아온 어려운 시기는 지났다. 생활 곳곳에 문화를 누릴 수 있는 기회와 공간이 생겨나고, 군민이 꿈꾼다면 모두가 예술인이 될 수 있는 낭만의 도시가 되어야 한다.

횡성의 전통문화 유산을 전승 보존할 수 있도록 각종 문화예술단체 활동의 적극적 지원이 요구된다. 지역문화 육성과 가치를 재조명하는 일에도 매진해야 한다.

횡성의 문화·예술을 진흥하는 사업의 다각적 추진은 군민을 문화·예술의 주체가 되는 도시로 만들어갈 수 있다.

- 코로나19 시기에 맞춤형 비대면-온라인 축제 진행(2020~2021년 횡성한우축제)
- 한국문화예술단체 강원도연합회 횡성군지회 설립
- 횡성문인협회 『횡성예술』 발간
- 문화 소외 지역 찾아가는 문화 활동 전개
- 고품격 연극, 뮤지컬, 전시 등 맞춤형 무료 공연(횡성예술회관)
- 서울시 문화자원센터 유치(박물관, 미술관을 갖춘 개방형 통합 수장고)
- 횡성군 문화학교 운영(18개 강좌)
- 작은 영화관 '횡성시네마' 운영
- 횡성청소년교향악단 정기연주회 및 횡성군민오케스트라 창단연주회
- 관내 52개 지역문화예술단체 활동 지원
- 횡성향교 전통문화 인성 교육, 유학 교육 개최
- 군민의 문화예술 향유 공간 조성 위한 '횡성뮤직아트센터' 건축기획 용역

새로운 먹거리 스포츠산업 활성화

월드컵 축구대회나 올림픽 경기가 열리는 시기에는 온 나라가 들썩인다. 밤을 새워 TV 중계를 시청하며 응원 열기가 뜨겁다. 스포츠는 모두를 하나 되게 하고 거대한 팬덤fandom을 만들어 내는 힘이 있다.

세계적인 스포츠 스타의 부와 명예는 상상을 초월한다. 국가 브랜드를 높이고, 나라의 긍정적 이미지를 세계에 알리는 계기가 되기도 한다.

일제 강점기 잃어버린 나라 대한민국을 알렸던 마라톤의 영웅 '손기정', IMF 외환위기 시절 국민에게 꿈과 희망을 준 골프 여제 '박세리', 아시아의 아름다움을 보여 준 피겨 여왕 '김연아' 등 슈퍼스타들의 이름값을 등에 업은 스포츠 산업의 영향력은 막대하다.

관광과 더불어 '굴뚝 없는 황금산업'으로 불리는 스포츠 산업!

전국의 지자체는 스포츠 산업의 고효용성에 주목하고 있다.
지역경제에 활력을 불어넣고, 스포츠를 통한 대외 이미지 제고를 겨냥해 각종 대회 유치에 총력을 다한다. 얼마나 치열한 양상인지 '총성 없는 전쟁'이라고 할 만큼 한 치의 양보도 없다.

횡성은 대회 유치 기반을 상당 부분 갖추고 있다. 높은 접근성과 청정한 자연 환경, 잘 갖춰진 경기 인프라는 횡성의 장점이다. 대회를 유치

해 창출되는 경제 효과는 군민에게 돌아가며, 지역경제 활성화에 큰 보탬이 된다. 이는 구체적인 수치로도 확인할 수 있다.

횡성군은 내가 군수로 재임한 2년간2020~2021년 69개 이상의 스포츠 대회 유치에 성공, 20억 원 투자로 52억 원을 상회하는 경제 효과를 거뒀다.

- 횡성베이스볼파크 활성화 추진
- 공격적 스포츠 마케팅으로 각종 대회 유치
  - 대한야구소프트볼협회장기 고교야구대회(횡성군-대한야구소프트볼협회)
  - 전국대학야구대회(횡성군-한국대학야구연맹)
  - 금강대기 유소년축구대회(횡성군-강원도민일보)
  - 대한야구소프트볼협회장기 전국초교야구대회(횡성군-대한야구소프트볼협회)
- 스포츠 인재 육성 추진
  - 학교 체육 지도자 인건비 지원
  - 학교 육성 종목 운영비 지원
  - 대학체육 육성 지원사업
  - 골프 인재 육성을 위한 4자 협약 체결(횡성군-횡성인재육성장학회-횡성군골프협회-횡성군체육회)

군민의 건강한 삶을 위한 생활체육사업

노동과 운동은 다르다. 땀 흘려 일하면서 스트레스가 쌓이면 건강을 해칠 수 있다. 최근 생활체육은 건강한 삶을 유지하는 기본 활동으로 관심이 매우 높다.

능동적으로 나서지 않으면 몸을 움직일 기회마저 흔치 않은 요즘이다. 편리한 생활은 건강한 삶을 저해하는 요인이 되었다.

스포츠의 즐거움은 직접 뛰어봐야 알 수 있다. 같이 운동을 하다 보면 친구가 생기고, 활력이 솟아 생활이 윤택해진다. 또한 미래지향적인 적극성을 갖게 된다.

"우리 함께 운동하러 가시죠."

한데 어울리는 군민들. 건강, 참 중요하다. 건강하게 사랑하는 사람들과 더불어 오래 살아가는 행복을 주는 횡성군은 정답다.

- 문화체육공원 내 은가람광장(물놀이공원) 운영
- 레저·관광 체험 시설 '횡성 루지 체험장' 운영
- 생활체육 활성화 지원
  - 생활체육교실 및 찾아가는 생활체육교실 운영
  - 여성생활체육교실(11개 종목) 운영

    - 어르신 생활체육(게이트볼, 파크골프, 그라운드 골프) 지원

• 장애인 생활체육교실 6종목 지원, 생활체육동아리 5개 단체 지원

• 횡성군청 여자실업볼링팀 '하누스' 운영

   - 2019년, 2021년 〈볼링협회장배〉 종합 우승, 2020~2021년 연속

     국가대표 선발

• 생활체육 시설 정비 및 확충

   - 인라인스케이트장 개보수를 통한 '어울림마당' 조성

   - 탁구 전용 생활체육관, 실내 족구장 신설

   - 드론축구장 신설(문화체육공원 내)

   - 마을별 게이트볼장 신축·개보수

   - 마을 단위 야외 운동기구 설치

   - 생활체육공원 12개소, 23개 시설 운영

• 횡성정암레포츠공원 18홀 규모 파크골프장 조성 추진

대한민국 제1의
안전 도시

어린 시절에는 부모님 품에서 안전을 누리며 살 수 있다. 비가 오나 눈이 오나 일단 집에 부모님만 계시면 마음이 놓였다.

횡성은 군민에게 '안심의 품'이 되어야 한다.
대한민국 제1의 안전도시를 추구하며, 부모가 자식에게 주는 안전을 목표로 해야 궁극적인 최고 삶의 질에 다다를 수 있다.

"괜찮아, 횡성이라면 안심이야."

이 말을 모든 군민에게 듣고 싶다. 아무리 좋은 환경도 안전의 부재 앞에서는 그저 신기루에 불과하다. 일상이 위험 속에 놓이면, 삶의 질은 곤두박질치고 만다. 따라서 군 행정은 개인, 가정, 사회 전반에 걸쳐 안전한 환경을 만들고, 위험 요소를 사전에 제거하는 공공 안전 서비스 제공에 만전을 기울여야 한다.

개인, 가정을 지키는 안전

'코로나19'와 같은 신종 감염병의 유행에서도 횡성은 안전을 유지했다. 코로나19 재난안전대책본부 운영을 시작으로 신종 감염병 대응을 전담하는 호흡기 전담 클리닉 설치, 음압 특수 구급차와 이동형 X-ray 및 음압 채담 부스 등의 코로나19 대응 장비 구비가 신속하게 이루어졌다. 선별진료소를 매일 운영했고, 예방접종센터도 갖췄다.

횡성의 안전은 작게는 개인, 가정을 지키는 일부터 완전해야 한다. 민-관-경 합동 야간 순찰로 안전한 귀갓길을 조성해 혼자 밤길을 걸을 때도 안심할 수 있는 곳. 지난 2021년의 '안심보안관사업' 추진의 결과다.

안전한 가정을 만드는 방안으로는 가정폭력·성폭력의 선제적 예방 시책 추진이 주효하고 있다. 통합상담소 운영으로 피해자 상담 및 지원, 가해자 교정 치료 프로그램 운영이 이루어진다.

학대 피해 아동 신속 보호 조치도 빼놓을 수 없다. 관내 아동 보호 시설들과의 업무협약 체결, 아동 학대 전담 공무원 지정을 통한 현장 출동 및 상담조사 강화 등이 이를 뒷받침한다.

안전은 주거 안정에서 필수 불가결한 요소다.

여성과 아동은 물론 모든 군민이 횡성에서만큼은 마음 놓고 안락을 누릴 수 있기를 바란다. 나는 안전한 횡성을 위해 만전을 기울였고, 앞으로도 최선을 다하리라 다짐한다.

재해·재난 걱정 없는 삶

세계 어디에 내놓아도 손색없는 대한민국 제1의 안전도시가 되려면 폭우·폭설·태풍 등 어떠한 자연재해가 닥쳐도 군민이 행정을 믿고 일상을 살아갈 수 있어야 한다. 화재와 사고 등의 재난에도 안전한 생활환경을 조성해야 군민의 자발적 동참이 원활해진다.

나는 군수 재임 시 지역사회 전반에 걸쳐 안전한 횡성을 조성하고자 체계적 재해·재난 대응을 총괄하는 '재난안전과'를 신설한 바 있다.

군민과 함께 안전을 지켰다. 새마을지도자와 바르게살기위원회 등 주민 주도 코로나19 방역 봉사 및 백신 접종 독려 캠페인, 군민참여단의 폭력 없는 안전한 횡성 만들기 캠페인, 횡성군자율방재단의 폭염·집중호우·풍수해보험 가입 등 캠페인 추진 등이 그 일환이었다.

산림을 푸르고 안전하게 가꾸고, 산불과 산사태 피해 등을 최소화하는 것은 자연 횡성을 보전하는 일이다.

푸른 산림 지키기는 병·해충 및 소나무 재선충병에 선제적으로 대응해 확산을 방지했다. 병·해충 방제는 횡성호수길, 루지체험장 등 주요 관광지 135ha 규모에서 실시되었다.

횡성 학곡리·청일 춘당리·강림 강림리의 사방댐 3개소 설치 완료, 산사태 방지를 위한 산사태대책상황실 설치 운영, 산사태 취약 지역 240개소 관리 활동은 피해 최소화에 기여했다. 특히 산불감시 진화 인력 195명으로 산불 예방과 홍보 활동에 주력해 2020년에는 17년 연속 대형 산불 없는 해를 달성한 바 있다.

안전한 도로와 보행 환경을 만드는 노력도 중요하다.
교통사고 위험구간 접속도로 개선, 군도와 농어촌도로 정비사업, 겨울철 도로 제설 등 어느 하나 소홀히 할 수 없다.

이와 함께 보행자 안전 바닥신호등 설치와 일방통행로 지정 운영 등 안전한 통행 환경 조성 추진, 어린이 보호구역 불법 주차 단속 CCTV 설치와 같은 조치도 안심 생활 여건의 만족도를 높였다.

안전한 횡성을 위해서라면 사소한 빈틈도 있어서는 안 된다는 완벽주의를 실행해야 한다고 믿는다. 연중 중단 없는 '자연 재난 사전 대비 및 선제적 대응 추진'이 안심을 주는 까닭이다.

• 재해위험 개선지구 정비사업(7개 지역)

- 소규모 고위험 시설 정비사업(청일면 갑천리 일원, 교량 설치 및 아스콘 포장)
- 급경사지 붕괴 위험 지역 정비사업(공근 오산리, 병지방 3지구)
- 지방하천 유수 소통 지장물 정비사업(수목 제거 및 임목 폐기물 처리)
- 자연재해 저감 종합계획 재수립 용역 추진(횡성군 전역)
- 횡성군 전 군민 '군민안전보험' 가입, 13개 담보 보장
- 화재 안전 특별조사 불법건축물 점검
- '횡성군 주택화재 피해 주민 지원 조례' 제정 추진
- 군민 안전을 위한 재난 대비 유관기관 협력체계 구축
  - 횡성군-한국가스안전공사 '재난 대응 협력 강화 업무협약' 체결
- 소방 시설 및 CO 경보기 설치 지원
- 청일면 장기 방치 건축물 안전관리 지원
- 다중이용 시설 화재안전 성능 보강 지원
- 어린이 놀이 시설 안전 점검 실시(62개소)
- 물놀이 안전사고 예방(물놀이 안전관리 전담 T/F팀 운영)
  - 2021년, 14년 연속 물놀이 '무사고' 달성
- 지역자율방재단 운영 및 관리
- 갑천 119지역대 신축

'후세에게 빌린 지구'를 위한
환경 도시

흔히들 우리나라의 산천을 '금수강산錦繡江山'이라고 표현한다. '비단에 수를 놓은 것처럼 아름다운 산천'이라는 뜻이다.

그중에서도 횡성은 예로부터 경관이 뛰어난 청정 지역으로 알려져 있다. 삼한시대 진한辰韓의 마지막 왕인 '태기왕'은 이곳의 수려함에 반해 덕고산지금의 태기산으로 들어가 쌓은 산성에서 고대왕국 재건의 꿈을 품었다고 전해진다.

횡성의 청정 자연은 후손 대대로 이어가야 할 유산이어야 한다. 그렇지만 전 지구적 환경오염의 대재앙 앞에서는 그 어느 지역도 자유롭지 못하다.

눈부신 문명의 성장에 동력을 불어넣었던 화석연료는 탄소의 역습을 남겼다. 생산과 소비의 뒤안길에서 인류가 만들어 낸 거대한 탄소발 자국은 예측할 수 없는 기후위기에 직면하게 했다.

'탄소중립'은 이제 세계 각국의 당면 과제로 떠올랐다.
탄소 배출을 최소화하고, 배출된 탄소는 다시 걸러 내 순수 배출량을 '0'으로 줄이는 탄소중립은 반드시 실현되어야 한다.

대한민국은 '2050년 탄소중립'을 약속했다. 문재인 전 대통령은 2021년 10월 '제26차 유엔기후변화협약 당사국총회COP26'에서 2030년 국가 온실가스 감축 목표NDC 40% 이상 상향과 2050 탄소중립을 다시 한 번 확인한 바 있다.

'청정 도시 횡성은 탄소중립 시간을 2040년으로 앞당기겠다!'

횡성은 국가보다 10년 먼저 목표를 달성하겠다는 포부를 밝혔다.
친환경을 실천하는 '경축순환'과 '어사 진眞 토' 프로젝트가 이를 뒷받침한다.

우선은 '2030년 친환경 미래도시'의 위상으로 거듭날 수 있도록 아름다운 자연의 명성 그대로 질 좋은 옥토는 더 비옥하게, 깨끗하고 풍부한 물은 더 맑게 지켜 나가야 한다.

탄소중립 시대 선도

미세먼지로 뒤덮인 잿빛 하늘을 겪는 날이 많아지면서 쾌청한 공기는 참 소중하게 느껴진다.

자꾸 "라떼는!"을 내세우면 '꼰대'라지만, 내가 어렸을 때는 한겨울 함박눈이 내리면 입을 크게 벌리고 떨어지는 눈송이를 먹곤 했다. 그 맛이 요즘 아이들이 좋아하는 '눈꽃 빙수'보다 더 기막혔다.

다음 세대에게 마치 재난 영화 속 같은 뿌연 미세먼지로 가득한 잿빛 세상을 물려줄 수는 없다.

'뜻이 있는 곳에 길이 있다'

내가 참 좋아하는 금언이다. 이 말대로 탄소중립의 중심에 서려는 뜻을 가지고, 청정 횡성의 길로 나서야 한다. 경쟁적인 성장과 개발의 시대를 넘어서 '깨끗한 환경 속에 지속 가능한 미래'를 만드는 것은 우리의 소명이다.

무너진 생태계, 탄소의 역습 시대는 예상을 뛰어넘어 단기간에 진행되고, 더 큰 위협으로 다가올지 모른다. 그래서 횡성은 더 빠른 탄소중립의 시대를 열어야 한다.

친환경은 궁극적인 생존의 문제로 대두되고 있다. 청정 지역을 지키고, 지속 가능한 미래를 위해 횡성은 탄소중립을 실현하고, 자원순환 도시의 시스템을 확립해야 한다.

첫째, 화석연료를 대체하는 친환경 저탄소 에너지를 동력으로 삼는 신성장 이모빌리티e-mobility 산업경제로의 혁신이 필요하다. 전기electricity와 이동성mobility의 합성어인 이모빌리티는 환경 미래 교통의 핵심이다.

둘째, 탄소 배출 제로zero에 도전하는 자원순환의 생활화다. 이는 폐기물 발생을 최대한 줄이고, 사용한 폐기물을 재사용 또는 재생 이용 처리하는 탄소중립 실천이다.

- 2021년 6월 탄소중립 중심도시 실천계획 보고회 개최
- 투명 페트병 수거 및 리사이클링(재생섬유)
  - 횡성 '두산이엔티' 환경부장관 표창
- 새마을부녀회–전통시장 연계 아이스팩 재사용 추진
- 폐비닐 자원화 시설 추진(폐비닐 자원화로 재생 에너지 생산)
  - 지역난방공사와 협의

강원도는 '플라스틱 순환사회 조성을 위한 범도민 캠페인'을 전개해 왔다. 횡성은 이를 실천하며 국내에서 유일하게 양질의 투명 플라스틱 재활용 선별 시스템을 가동 중인 지역이다. 이는 전 세계 언론매체

에 주목받는 자원순환의 생활화라고 할 수 있다.

〈강원도민일보〉에서는 2021년 7월 7일 자로 관련 기사를 내보냈다.

횡성 국내 유일 '플라스틱 순환 시스템' 세계가 주목

[강원도민일보 박창현 기자] 강원도 플라스틱 순환사회 조성을 위한 범도민 캠페인이 본격 전개되는 가운데 국내에서 유일하게 횡성에서 가동 중인 양질의 투명플라스틱 재활용 선별 시스템이 전 세계 언론매체에 주목받고 있다.

해외문화홍보원에서 주최하는 플라스틱 재활용 프레스 투어가 27일 횡성군청정환경사업소와 두산이엔티 환경업체에서 진행됐다. 투어 참가자는 오는 30, 31일 서울에서 개최되는 P4G 정상회의 취재차 국내에 입국한 외신기자단 9개국 15개 매체 20여 명으로, 기후변화와 지속가능 발전을 위한 국제사회의 환경 의식을 고취하기 위한 우수사례를 취재하기 위해 방문했다. P4G는 우리나라 등 12개국과 국제기구, 기업 등이 참여하고 있다.

방문단은 이날 횡성군청정환경사업소의 폐플라스틱 선별 작업에 이어 횡성읍 소재 두산이엔티에서 폐플라스틱 가공 생산 공정을 견학했다. 두산이엔티는 지난해 4월부터 투명 페트병을 잘게 부순 양질의 플레이크(Flake)를 월 40여 톤씩 블랙야크 등 고기능성 의류 원료로 공급하고 있다. 폐플라스틱을 의류용 원료로 재활용하는 기술력은 현재 국내에서는 두산이엔티가 유일하다. 기존 폐플라스틱 처리는 주로 소각하거나 간단한 선별·파쇄 과정을 거쳐 정

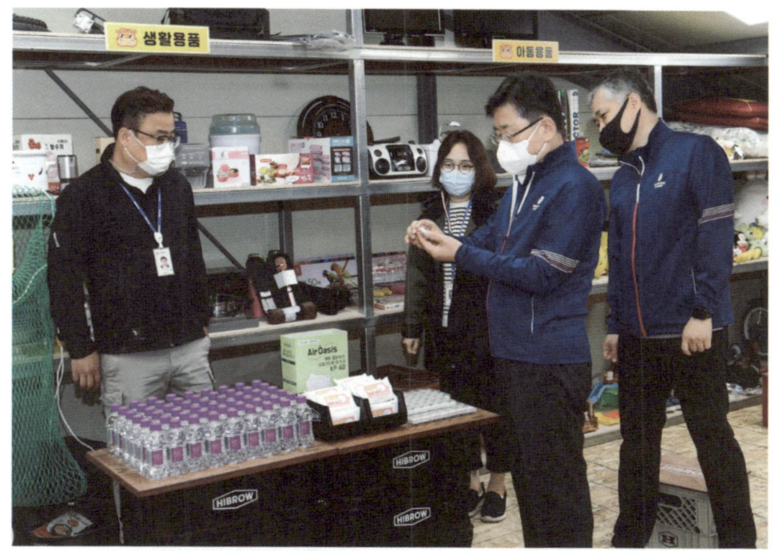

횡성군청정환경사업소를 방문, 폐플라스틱 선별-파쇄-재활용하는 가공과정을
취재한 외신기자단

화조 등 저질용품에 한정 보급됐다. (후략)

횡성 '땅'을 미래 성장동력으로

횡성은 한우 축산의 고장이기도 하다. 가축 분뇨 자원화로 맑은 물과 건강한 토양의 청정 이미지를 심는 노력을 강화해야 한다. 이를 위해 나는 경축순환 농업 도입과 깨끗한 축산농장 인증, 자연친화형 축사 확대로 주민과 공존하는 축산 환경 조성에 힘썼다.

경축순환 농업과 연계한 '어사 진眞 토' 프로젝트는 횡성의 청정 토양 브랜드화를 겨냥한 토양 분석·관리로 친환경 농업을 추진했다. 경축 순환농업 기반 구축 목적의 우분처리 실태조사를 완료하고, 농가 보급형 축분관리기 개발 성과도 거뒀다. 축분관리기 개발은 행정안전부 주관 〈지방자치단체 적극행정 우수 사례〉로 선정된 바 있다.

2021년 7월에는 경축농업실현T/F팀한국축산환경학회-상지대-축산 전문가-농가-횡성군을 구성했으며, 그 외 퇴비유통 전문 조직횡성축협 지정을 비롯해 퇴비사 및 스키로더 확대 보급과 부숙촉진제 지원 확대 등이 이루어졌다.

신영농 기술·친환경 농업 실천 노력은 2021년 9월 〈제27회 세계 농수산업기술상〉 대상 수상의 영예를 안겼다. 관내 농가에 작물 면역력 제고와 병해충 방지로 지속 가능한 농업, 친환경 농업을 실현하는 고초균 무상 공급이 평가받았다.

한편, 횡성군-상지대 산학협력단의 혁신기술개발사업 업무협약 체결은 축산폐수처리장 내 실증 연구와 경축순환형 스마트팜 추진 등의 토대를 마련했다.

파란 하늘과 맑은 물, 푸른 녹지를 유지·조성하는 실천도 이어졌다. 친환경 자동차 보급, 신재생 에너지 확대 등 아낌없는 노력이 청정 대기 환경을 지키는 데 힘을 더했다.

깨끗한 물은 2021년 수질오염총량제 시행으로 유지해 나갔다. 2020년 4월 강원도 내 기초지자체 최초 수질총량관리 용역 시행을 토대로 수질오염총량을 정하고, 행정-주민-사업장이 함께 수질 개선 및 보호에 주력하는 저감 대책을 시행해 목표 수질을 달성했다.

생활 속 푸름을 유지하는 녹지 인프라는 도심 지역 어린이공원 리모델링, 학교 숲 조성사업, 읍마택지 내 녹색 쌈지 숲 조성 완료, 둔내면 명품가로수길 2.5㎞ 조성 등으로 확보할 수 있었다.

청정 환경을 지키는 일은 역시 군민과 함께해야 효율적이다.
횡성군-횡성기후환경네트워크 탄소중립 생활 실천 캠페인, 관내 초등학생 및 부모 대상 '어린이 여름 기후 캠프' 개최, 남녀 새마을지도자 '일회용품 줄이기' 등 환경 보호 활동, 새마을부녀회 중심 아이스팩 재사용 '석빙고사업' 등을 지속 추진하며 저변의 이해와 성과의 폭을 넓혔다.

이는 아름다운 횡성에서, 더 나은 미래를 향한 환경과 상생의 발전을 지속할 수 있는 믿음의 버팀목이다.

- 고농도 미세먼지 저감 대책 추진

- 가정용 저눅스 보일러 지원

- 탄소 포인트제 운영으로 관내 1,800세대 참여

- 소규모 사업장 비산먼지 방지 시설 설치(6개소)

- 지방상수도 현대화사업(횡성, 우천)

- 상수관로 47.9㎞ 확장 완료

- 노후계량기 2,694전 교체 완료(100%)

- 하수도 시설 확충사업 추진(횡성 공공 하수 처리 시설 증설, 소규모 공공 하수 처리 시설 설치)

- 농어촌생활용수(안흥, 청일, 강림) 개발사업 착수

- 상수도 통합관제센터 운영

- 스마트 원격 검침 등 스마트 상수도 관리체계 구축

- 상수도 미보급 지역(8개면 47개리) 광역 상수도 확장사업 추진

- 독재봉 등산로 정비 2.5㎞, 운무산 정상 전망대 설치 완료

- 조림사업 추진 316ha(경제림, 재해방지조림, 공익조림, 지역특화조림)

- 숲가꾸기사업 추진 1,690ha

- 횡성문화복합단지 내 '목재문화체험장' 조성사업 추진

5

—

횡성의 더 나은
내일을 향해

변두리 강원도를
중심으로 끌어가는 도시, 횡성

횡성역에서 청량리역까지 단 56분!
횡성은 예로부터 교통이 편리했다. 동서를 가로지르는 영동고속도로
와 남북을 잇는 중앙고속도로가 있으며, 5분 거리에 공항이 위치한다.
횡성역과 둔내역에는 KTX 열차가 지나고 있다.

이미 최고의 교통 인프라를 갖추고 있어 수도권에 버금가는 입지다.
이제는 수도권 전철 '횡성-원주' 구간 연장을 차근차근 준비해 명실상
부 수도권 시대를 대비해야 한다.

'여주-원주 복선전철'은 경강선 여주교동-원주지정면의 22.2㎞ 구간 복
선전철을 신설하는 사업이다. 사업 기간은 2026년부터 2028년까지로
예정되어 있다. 경강선 단절 구간인 여주-원주 구간을 연결해 동-서
네트워크를 완성하게 되며, 현재 추진 중인 월곶-판교와 수서-광주

등의 구간과도 연계된다.

2024년 1월 12일 착공식 이후 공사를 본격 추진 중인 '여주-원주 복선 전철'이 완공되면 여주-원주 9분, 원주-서울 강남 40분, 원주-인천 87분 등 획기적인 수도권 접근성 개선을 전망한다.

이 노선의 원주-횡성 구간 연장은 절실한 과제다. 이를 실현하면 생산 유발 효과 1조 5000억 원, 고용 및 취업 유발 효과 2만 명 발생 등 지역경제 활성화를 기대할 수 있을 것이다.

또 하나, 2026년 초 예정인 제5차 국가철도망 구축계획2026-2035년에서 원주-춘천 내륙 철도 선정사업이 반영되어야 한다. 이는 원주시와 춘천시, 철원군을 이을 새로운 철도 노선으로 개통 시 중앙선과 함께 남북을 종단하는 한 축을 추가로 생성하게 된다. 중앙선과 경춘선, 경원선의 강원도 부분을 연결하는 목적이다.

예상 노선은 '원주-만종-서횡성-공근-홍천-홍천강-동산-남춘천-춘천'으로, 2021년 제4차 국가철도망 구축계획에서 추가 검토사업으로 재선정되었다.

이들 사업의 실현과 아울러 원주-횡성 치악산 연결 도로가 시급하다. 지금은 횡성의 동북권이 치악산으로 막혀 있는 형편이다. 원주와의 교통이 원활해진다면 두 지역 간 출퇴근이 가능해지고, 경제 교류가 늘어 인구 증가 효과가 커질 수 있다. 관광산업에도 굉장한 호재가 된다.

실제 거주 인구는 소도시 규모이더라도 외지로부터 경제 활동 인구가 10만 이상 유입될 수 있도록 여러 가지 기반 시설들을 갖춰야 한다.

'명실상부한 횡성 수도권 시대 개막'

충분히 가능하다. 수도권 횡성이 되면 4만 5,000여 군민은 서울시민과 대등한 각종 혜택을 누릴 수 있다. 또한 2500만 수도권 인구를 잠재적인 관광 고객으로 유치해 지역상권 활성화와 소비 촉진 효과도 얻을 수 있는 기회를 갖게 된다.

횡성은 서울과 물리적 시간만 가까워진 것이 아니다.
KTX 역세권 개발과 신수도권 시대 관광명품도시 조성에 매진한다면 강원도의 경제적·문화적·사회적 중심지로 급부상할 수 있는 여지가 매우 크다.

이러한 장기적 비전을 가지고 중앙정부 부처와 원주시 및 강원도, 철도시설공단 등 관계 기관과 긴밀히 협의해 발전 방안을 모색한다면 누구라도 인정하는 대한민국 중심도시로 우뚝 서는 튼튼한 발판을 마련할 수 있다.

대한민국 이모빌리티 산업의
거점 도시로

군 인구가 감소하고 청년들이 지역에 머물지 않는 근본적 원인은 일자리에 있다. 일자리가 부족한 것은 경제가 밑바탕에 튼튼히 자리하지 못해서다. 좋은 일자리가 있는 곳에 사람이 몰리고, 인구가 많아야 교육·의료·문화 시설 등이 확충된다.

횡성은 수도권에 인접한 지리적 여건과 광역교통망을 갖추고 있어 기업 유치 환경이 탁월하다. 강원도 내 어느 지자체보다 제조업 기반도 뛰어나다. 이에 힘입어 수년 연속 강원도 투자 유치 최우수 기관을 수상했으며, 국내 유수 기업이 자리 잡은 산업농공단지는 100% 분양률을 기록했다.

양질의 일자리 확보 방안으로 대규모 기업 유치에 의한 산업구조 개편, 미래 신성장 국가 전략산업 육성, 노인·장애인·여성 일자리 강화,

청년 일자리 종합 지원, 지역산업 맞춤형 일자리사업 등 다양한 분야의 정책을 추진해 왔다.

다만, 최적의 환경임에도 전략산업 육성, 우량 기업 육성의 장단기 전략이 부족하다는 지적도 따랐다.

나는 군수 재임 시 횡성이 맞닥뜨린 2차 산업의 한계를 직시하고 미래 성장 동력사업으로 이모빌리티 산업에 승부를 걸었다. '이모빌리티'란 전기를 주 동력원으로 하는 차량 등을 지칭하며 전기자동차·전기 바이크·전동킥보드 등이 있다.

전형적인 농축산도시인 횡성을 탈피해 주도적 입지를 다져야겠다는 생각을 가졌다. 이후 점차 가시적 성과들이 나타나는 가운데, 이모빌리티 산업의 주력 생산품인 초소형 전기차가 환경부와 국토교통부의 모든 인증 절차를 완료하고 본격적 생산에 들어갔다.

더불어 2020년 10월에는 정부의 제2호이자 강원도 최초의 '상생형지역일자리사업'으로 선정되면서 한 단계 도약할 기회를 맞았다.

이 사업은 통상적인 기업 투자나 일자리 창출을 넘어 지역경제 주체 간노·사·민·정 상생협약을 체결해 적정한 근로 조건, 노사관계의 안정, 생산성 향상, 원·하청 개선, 인프라·복지 협력 등을 도모하면서 신규 일자리를 창출한다. 즉 이모빌리티 기업들이 협력해 사업 초기의 위험

을 줄이고, 추후 발생 이익을 공유해 동반성장을 이룸으로써 추가적
이익의 지역사회 환원을 약속하는 중소기업 중심의 사업 모델이다.

횡성 전기차 클러스터 모델의 상생형 지역일자리 사업 최종 선정은
역대 최대 규모의 정부지원사업의 확정이었다.
〈강원도민일보〉는 2020년 10월 21일 자로 당시의 기대를 전했다.

횡성 역대 최대 규모 정부 지원 주민 환영

[강원도민일보 박창현 기자] 횡성 지역에 역대 최대 규모의 정부
지원사업이 확정되면서 지역사회가 획기적인 지역 발전의 성장동
력을 마련했다며 크게 반기고 있다.

산업통상자원부는 20일 횡성 전기차 클러스터 모델을 상생형 지역
일자리 사업으로 최종 선정, 발표했다. 이로써 횡성 우천산업단지
일원에 자리 잡은 강원형 일자리사업 횡성 이모빌리티는 디피코 등
전기 완성차 업체 7개사가 횡성에 본사와 공장을 신축하고 총 503
명의 신규 고용효과를 거둘 것으로 기대되고 있다. 또 이주 기업들
의 안정적인 정착을 위해 각종 보조금과 행복주택 건립 등 정주 여
건 개선 등으로 1000억 원 이상의 재정 투입이 이뤄질 전망이다.

이 같은 소식이 전해지자 횡성 지역사회는 강원도 주력산업의 중
심지로서의 자부심을 나타내며 향후 전기차 클러스터와 연계한
관광, 부품산업 육성에 대한 기대감을 키우고 있다.

권용준 횡성군번영회장은 "횡성 전기차 클러스터가 지역사회와

횡성종합운동장 야외광장과 옛 인라인스케이트장에서 펼쳐진
'2021 횡성 이모빌리티 페스타'

상호 협력하는 모델로 성장해 나가길 기대한다"며 "지역 청년층에게 양질의 일자리를 제공할 수 있는 기회가 이뤄지길 바란다"고 희망했다. (후략)

횡성군은 이 기회를 놓치지 않고 독보적인 이모빌리티산업의 메카로서 시장을 이끌고자 적극적인 지원을 펼쳤다. 정부정책에 맞춰 횡성형 그린뉴딜사업 발굴에 나섰고, 중소기업에는 기술 개발과 생산·경영 등을 아우르는 지원책과 지역 주민 고용을 장려하는 다양한 인센티브 제도를 시행했다. 국내 이모빌리티 산업 선도도시의 성장 기반을 공고히 했다고 평가할 수 있다.

아쉬운 것은 내가 군수 임기를 마치고 난 다음 해에 전기자동차 회사의 부도로 주력 상품 생산에 차질을 빚게 되었다는 점이다. 지역에서 기업에만 맡기지 않고, 보다 적극적인 행정적 지원을 해야 한다는 값비싼 교훈을 얻은 경우였다. 그래도 이모빌리티 분야는 여전히 유망한 미래산업 분야다.

횡성읍 묵계리 이모빌리티 거점특화단지 조성의 발걸음을 멈출 수는 없다. 다행스럽게 2025년 10월, 이곳에 이모빌리티 산업 육성에 필요한 이모빌리티지원센터와 전기차평가센터를 구축했다.

우천일반산업단지 내에는 이모빌리티지식산업센터가 문을 열었다.

향후 이모빌리티 테마파크 추진 등이 지속되면 횡성의 신성장동력으로서 양질의 일자리 창출과 인구 증가의 시너지를 낼 것이다.

"횡성은 전형적인 농축산도시로 다른 지자체와 마찬가지로 저출산·고령화 위기를 겪고 있다. 지역에 활력을 불어넣을 신성장동력산업 육성이 절실하다. 이모빌리티 산업에 거는 기대가 크다."

군민의 이러한 바람에 부응해야 한다.
이모빌리티 분야는 자율주행, 드론, 농기구 등으로 확장해 갈 수 있다. 이 사업은 횡성이 한 단계 더 발전할 수 있는 도약대다. 군민의 관심을 바탕으로 국내 최대의 이모빌리티 거점도시가 될 수 있도록 관련 인프라 구축이 요구된다.

횡성의 미래를 위해서는 이모빌리티 이외에도 수소 등 미래산업 분야의 전략적 투자와 현안 해결로 중장기적인 성장 추세를 만들어야 한다. 그 동안 추진해온 정책과 사업들도 집중력과 일관성으로 내실을 다지고, 성과를 극대화하는 것이 중요하다. 이러한 노력들이 실질적 일자리 창출과 인구 증가로 이어져 지역경제에 활력을 불어 넣을 수 있다.

결론적으로, 미래산업을 선도하는 양질의 신규 기업을 유치하고 기업하기 좋은 환경을 제공하는 지속적인 기업 지원정책과 행정적 지원이 이루어지는 지속적 상생협력체계 구축을 보장할 수 있어야 한다.

횡성의
미래 먹거리를 찾아서

이모빌리티 복합단지 지구단위계획 수립

'횡성 이모빌리티 복합단지'는 횡성읍 묵계리와 가담리, 입석리 일원에 우여곡절을 거쳐 지금의 '횡성 미래모빌리티 거점 특화단지'로 조성되고 있다.

강원도에서 우천일반산업단지에 전기차 관련 기업 유치를 추진하면서 '이모빌리티 연구실증단지'를 묵계리에 설치하는 것을 제안했으나 주민들은 산업단지가 들어올 자리에 알박기처럼 시설 하나가 들어오면 상수원 보호구역 해제의 명분이 사라진다며 반대했다.

이는 일견 타당한 생각이었기에 주민들이 동의할 만한 30만 평 규모의 복합단지 건설의 밑그림을 그리게 되는 계기가 되었다. 하지만 주민들은 산업단지가 아닌 이상 어떻게 대규모 신도시 건설이 가능할 것이며, 수천억 원의 예산 조달이 가능하겠냐는 강한 불신을 표출했다.

이에 따라 주민들에게 현실 가능한 계획들을 면밀히 검토하고 수립한 뒤, 2020년 9월부터 10여 차례 주민설명회를 가졌다. 여기에는 한 번에 사업을 시행하려면 예비타당성조사라는 국가사업적 벽이 있기에 '강원도가 추진하는 기업지원센터를 조성하고 기반시설 조성을 통한 연관기업 유치, 이모빌리티 산업인프라 및 주민지원시설 조성, 관광인프라 확충'의 단계적 사업을 구상했다.

정말 간절히 노력하는 자에게 하늘이 돕듯이 때마침 지방소멸대응기금이라는 국가적 프로젝트가 생겨 미래 먹거리 사업을 추진할 재원을 확보할 수 있는 길이 열리게 되었다.

이를 기반으로 묵계리는 이모빌리티 복합단지에 전체 산업의 연구와 인증이라는 공공적 업무를 겸비한 이모빌리티 종합 컨트롤 기능을, 우천산단과 신규 조성되는 조곡농공단지에는 생산기능을, 읍하리 군부대 지역은 배후 주거시설로서 관련 종사자를 품어줄 공공주택 건설을 계획하며 '횡성형 이모빌리티 생태계'를 꿈꿀 수 있는 여건을 마련했다.

현재 이모빌리티 생태계의 사업들은 생명력을 확충해 묵계리-갈풍리 교량도로 설치까지 진행되며 횡성의 미래 먹거리로 확고하게 자리 잡

※ 본 토지이용계획(안)은 확정된 계획이 아니며, 우리군 예산 현황과 관계기관(부서) 협의 등 행정절차 이행과정에서 변경될 수 있음
Ⅱ. 기본구상(안)
03 토지이용계획(안)
횡성 e-Mobility 복합단지
지구단위계획 수립 용역
범 례
e-Mobility 기업지원센터
e-Mobility 테마파크
e-Mobility 연관기관(공공기관)
e-Mobility 지원주택
청년일자리지원센터
전기차 완충 정비소
에너지 복합스테이션(주유+충전)
근린생활시설(근생+판우타운)
AutoCamping(마을단위주민주도형)
주민지원시설(SOC, 영농조합, 판매장)
공 원
도 로
보행자도로
유 수 지
경 관 녹 지
완 충 녹 지
연 결 녹 지
공 공 공 지
주 차 장
도시기반시설
복합형 지구단위계획구역
[A=838,819㎡ (25.4만평)]
토지이용계획(안)
❖ e-Mobility 산업육성 및 관광인프라 확충 등을 고려, 기능별 공간분리
기업지원센터
(강원도 추진)
• 기업지원센터 구축 (연구·사형동 건설, 성능시험장비 구축)
• 테스트를 위한 성능 시험 주행 트랙 건설
이모빌리티
지원기능
• 이모빌리티 연관기관 (자율주행, 배터리 관련 기관 등)
• 주민소득 및 지원시설 (농산물판매장, 근로자 지원주택 등)
이모빌리티
관광기능
• 이모빌리티 테마파크, 한우테마공원, 화훼공원
• 오토캠핑장 (주민주도형 오토캠핑장), 섬강둘레길 연계
0 50 100   200   300   400m

아 가고 있는 중이다.

횡성제2문화복합단지와 조곡농공단지 조성

추가적으로 공공기관 지방 이전이 뜨거운 이슈가 되었다. 그 과정에서 횡성군은 앞서 계획한 묵계리 부지와 2020년 횡성역 인근의 횡성읍 추동리 횡성제2문화복합단지 조성을 시작하며 부지를 확보해 놓은 상황이어서 타 지자체들보다 훨씬 유리한 조건의 경쟁이 가능해졌다. 최근에는 공공기관들이 부지가 확보되어 있어야만 사업대상지로 검토하는 추세이기 때문이다. 이에 대응한 선제적인 행정조치가 필요한 조건은 이미 충족되어 있었다.

이모빌리티 조곡농공단지 조성사업은 2021년 조곡리 45-19번지 일원에 5만 6,000여 평의 부지 매입을 시작으로 진행되고 있다.

우리는 이제 알고 있다. 단기적인 성과만을 위해 업무를 한다면 그것은 '미래 먹거리'라 부를 수 없다는 것을. 긴 안목과 황소 같은 추진력이야말로 진정한 횡성의 잠재력을 높이고 지방 소멸을 막아줄 것이라는 사실을.

앞으로의 횡성은 현재의 우리보다 미래의 후손들을 위한 밑그림을 그려야 한다. 그러한 노력에 많은 이의 동참을 기대해 본다.

'횡성한우'를 세계적 브랜드로 육성해
소득 증대

횡성군청 축산과에는 '한우명품팀'이 있다. 그만큼 횡성에서 한우는 중요한 특산물이며, 대한민국을 대표하는 상징성을 갖는다는 의미다.

횡성에서 생산·관리한 소만이 '횡성한우'로 인정받는다. 횡성은 우리나라 중부 내륙지방의 중심에 위치해 한우가 한반도 남쪽 제주도까지 이동하는 경로의 중요한 거점이었다. 따라서 한우 사육 역사는 적어도 3,000년 이상으로 추정할 수 있다.

횡성 지역경제에서 횡성한우는 1차 산업적 측면의 기여가 매우 큰 편이다.

우리나라에서는 국민소득 증대로 소고기 수요가 급증하면서 1980년대부터 체계적인 육종사업이 시작되었다. 이후로 한우의 특성을 살린 육질의 개량과 사양관리에 부단한 노력을 기울여 왔다.

횡성한우가 명품인 이유는 질 좋은 사료의 영향도 있지만, 우수한 종우를 키워 혈통관리를 잘해서다. 그리고 축산농가에 행정 지원이 원활하게 이루어져 얻은 결과다.

1996년 횡성한우농업인연구회를 조직한 이래, 사양기술 향상 협업 경영과 활발한 정보 교류로 경쟁력을 높였다. 또한 기술 중심의 과제 교육으로 한우 경영, 마케팅, 조직화 역량 강화 등 횡성한우의 육성 기반을 다졌다.

점차 한우농가가 고령화되면서 시대적 흐름에 뒤처지는 경향이 있어 부모 세대의 뒤를 잇는 횡성한우 청년 승계농 대상의 횡성한우승계농업인연구모임도 결성, 지원해 왔다. 뿐만 아니라 횡성한우사관학교 등 청년후계농지원사업 등을 통해 횡성한우산업을 선도할 수 있는 축산 분야 후계자들의 육성이 이루어진다.

특히 유통 분야에서는 2019년부터 매년 '식육가공기사 양성 과정'을 수료한 식육 전문가를 배출하고 있다. 방역 분야에서도 전국 최초로 '축산방역 전문가 양성 프로그램'을 진행해 해마다 수십 명의 전문가를 양성 중이다.

앞으로 횡성한우를 더욱 육성하려면 '상품의 다양화'를 적극 추진해야 한다. 소비자층을 세분화한 맞춤형 공급이 필요하다. 한우 소비자층 전체를 대상으로 하기보다 '병원식, 어린이, 청소년, 어른' 등으로 나누어 상품화하는 방안이다. '횡성한우 5개년 계획'의 차질 없는 추진으로 우량 암소를 극대화한 횡성한우 차별화 전략이 주효할 것으로 보인다.

횡성한우 유통 분야에서는 군수품질인증제에 의한 '횡성한우고기전문취급점' 확대 지정과 부산물인증제도가 시행되었다. 군에서 직영하는 '횡성한우체험관전시판매장'과 '전시판매장쇼핑몰'을 통해서는 횡성한우 육포, 사골 등의 가공품과 6차 산업 인증자 제품은 물론이고 횡성한우 소뿔 및 가죽공예품 등도 판매하고 있다. 이처럼 다각적이고 다채로운 상품 확장 전략과 마케팅이 뒷받침되어야 한다.

횡성에서 양축가의 비중은 약 7%에 달한다. 그러다 보니 환경 관련 저항을 피할 수 없다. 횡성은 강원도 한우의 24.5%를 사육하는 한우 축산단지의 입지를 굳히고 있다. 비축산인과 공존할 수 있는 한우산업 여건 확립만이 지속 성장의 전제 조건이다.

우선 그 첫걸음은 축사 면적에 맞는 적정 두수 사육이며, 최종 목표는 부숙된 축분의 농경지 환원으로 순환농업을 완성하는 데 두어야 한다. 퇴비 부숙에 필요한 가축분뇨 처리 시설과 장비 지원을 확대하고, 지난 2020년부터는 축분의 발효 촉진제 및 냄새 저감제 지원도 전폭적으로 확대하는 등 축산 냄새 저감정책에 많은 예산과 행정력을 투입해 온 성과는 적지 않다.

축산농가가 저렴하면서도 손쉽게 활용할 수 있는 '농가보급형 축분관리기'도 전국 최초로 개발 공급했다. 축산농가들의 적극 활용은 축분의 부숙 환경 개선 효과를 가져올 것으로 기대된다.

한우 축산 분뇨의 비료 자원화와 아울러 '깨끗한 축산농장' 지정과 지원사업 확대, 지정농가 대상 인센티브 지원을 지속해야 한다. 이를 통해 지정농가에는 자긍심을 고취시키고, 축산농가 스스로 농촌 생활 환경을 지키는 축산을 하도록 유도할 수 있다.

현재 횡성한우축제는 30만 명 이상의 규모로 커졌고, 횡성한우는 본격적인 해외시장 개척에 나섰다. 횡성한우가 국내시장을 넘어 K-푸드의 중심으로 도약을 앞두고 있는 것은 횡성군이 국제 기준에 맞춘 수출 작업장 시설을 지원해 온 노력이 힘을 실었다. 2025년 9월에는 국내 최초로 아랍에미리트UAE에 횡성한우 100kg을 처음 수출하며 할랄halal·이슬람 율법에 따라 허용된 식품 시장에 진출했다.

이 같은 성과는 민관 협력과 내실을 다진 덕분에 가능했다는 평가다. 횡성한우가 대한민국 한우의 정상 브랜드에서 세계시장의 명품으로 도약할 수 있는 가능성을 보였다.

횡성한우는 지역 1차 산업 분야의 근간이다. 축산에는 아직도 여러 가지 문제가 있지만, 개량과 유통 선진화 등에 박차를 가하도록 지원을 지속해야 한다. 횡성한우 고품질화와 세계화는 횡성군민의 실질적 소득 증대로 연계된다는 사실을 잊어서는 안 된다.

횡성을 스토리텔링하여
관광산업의 미래 성장동력으로 만들자

횡성의 5대 축제로는 '횡성호수길축제5월, 둔내고랭지토마토축제8월, 횡성더덕축제9월, 안흥찐빵축제10월, 횡성한우축제10월'를 꼽는다. 횡성의 지역축제들은 이미 전국적으로 브랜드 가치를 인정받을 만큼 충분한 경쟁력을 확보하고 있다. 횡성한우축제의 경우는 문화체육관광부 선정 문화관광축제이기도 하다.

'코로나19' 시기에 횡성은 지역축제가 줄줄이 취소되는 상황에서도 오프라인과 온라인을 병행하는 전략적 시도로 위기를 이겨냈다. 즉 횡성한우축제를 온라인으로 개최하며 누적 조회 수 442만 회, 농특산물 판매액 2억 5000만 원 달성이라는 성과를 올렸다.

코로나19 이후에는 단체 관광객이 급감한 반면, 개인이나 소규모로 청정한 자연을 찾는 추세에 맞춰 대응하고 있다.

횡성에는 힐링 명소와 특색 있는 관광지가 많다.

그중에서도 횡성호수길이 전국적으로 입소문을 타고 유명해져 관광객이 꾸준히 증가하고 있다. 횡성댐으로 생긴 아름다운 은빛 호수를 따라 흙길을 걷는 개방형 시설인데, 바쁜 일상 속에서 쌓인 스트레스가 사라지고 마음이 치유되는 기분을 느끼게 해 준다.

단일 코스 길이 2.4㎞의 횡성루지체험장은 세계 최장 수준으로 수만 명이 방문하는 횡성의 새로운 관광 랜드마크가 되었다.

이 밖에 국내 최초로 한국인 신부가 지은 성당인 풍수원성당이 있으며, 수려한 자연 속에서 휴식과 물놀이를 즐기는 병지방 오토캠핑장·선바위자연캠핑장 등도 예약이 어려울 정도로 캠핑족들의 방문이 끊이지 않는다.

횡성은 관광 패턴 변화에 부응해 2021년부터 횡성 내 2곳의 KTX 역사와 체험 프로그램을 연계하고 다양한 프로모션 등 관광객 유치 활동을 추진했다.

아울러 포스트 코로나 시대에 대비해 온라인 축제로서 신선한 가능성을 열어준 횡성한우축제를 모델 삼아, 다른 축제들 역시 진행 조직의 전문화와 온라인 플랫폼 구축 등 융합형 추구에 나섰다.

이와 병행해 횡성군 소재 관광 시설을 방문하는 관광객들에게 사용료와 입장료의 일부분을 돌려주는 횡성관광상품권 페이백pay back을 시행했다. 이는 지역 내 카페·식당 등에서 소비가 일어날 수 있게 해서 지역경제에 활력을 더해 주었다.

관광산업은 노력과 참신한 전략 구사에 따라 횡성의 지속 성장을 가능케 하는 블루오션이 될 수 있다. 수도권에서 1시간 이내라는 뛰어난 접근성을 바탕으로 신규 관광 자원을 개발해 문화·관광 벨트를 구축해야 한다.

관광으로 미래 성장을 이끌 수 있는 전기를 마련하는 다각적 접근은 횡성만이 지닌 자산 가치를 높인다. 그 가운데 하나가 '스토리텔링storytelling·이야기하기화'다. 지역 특산품, 자연 명소, 인물들의 이야기로 관광객의 공감과 체험을 이끌어내 횡성 관광의 바람직한 이미지를 각인시켜야 한다.

내가 두 번째 공근면장을 하면서 『공근면 향토 인물 모음집』을 발간한 것도 스토리텔링화의 한 방향이었다. 공근면 문화유산 정비와 미래 개발사업에 활용한다는 취지였지만, 공근면의 역사 인물을 조사해 관광 자원이나 그 소재를 발굴하는 데 목적이 있었다.

특색을 살린 스토리텔링화는 관광객에게 흥미를 주면서 동시에 지역 방문을 유도해 농특산물 판매 등 다양한 소비를 낳고 경제에 활기를 불어넣는다. 요즘은 이야깃거리가 관광객을 끌어모으기 때문에 특히 역사·문화 소재는 최대한 스토리텔링화해야 한다. 쉬운 말로, 횡성을 팔아먹는 거다. 횡성이 갖고 있는 모든 걸 팔아먹어야 소멸의 위기에서 살아남을 수 있다.

섬강 상류에서부터 횡성 각 마을마다 고유의 특색과 풍습, 문화에 얽힌 이야기들이 있다. 수계로 이어져 어우러지는 이야기를 엮어서 청정 자연과 연계하면 과거와 현재가 만나는 관광 코스 개발이 가능하다.

섬강은 원주와 횡성을 천년 이상 먹여 살린 젖줄이다. 섬강의 그 역사에다 태기산과 치악산 등을 연결시켜 역사문화 탐방과 힐링, 걷기 등 다양하게 연결할 수 있다.

횡성은 또한 '태기왕의 전설'이 어린 곳으로 많은 이야깃거리가 전해지고 있다. 동치악 강림은 조선의 완성자 태종 대왕이 13살 때 운곡 원천석 선생을 스승으로 모시고 3년간 머문 곳으로 수많은 이야기가 『조선왕조실록』에 나온다. 모두 횡성만이 갖고 있는 아주 소중한 자산들이며, 이를 가치에 맞게 활용해야 한다.

횡성을 도내 3.1만세운동의 발상지로 만든 4.1만세운동과 6.25전쟁 최대 격전지의 하나였던 횡성전투도 소중한 역사다. 당시 전사한 네덜란드 오우덴 중령을 비롯한 희생자들을 기리는 우천 새말의 네덜란드 군 참전기념비 및 추모공원은 횡성만의 자랑스런 역사 관광자산이다. 애국의 고장 횡성에 부합되는 소중한 역사를 관광 자원화해야 한다.

네덜란드와의 이야깃거리는 계속 풍부해지고 있다. 2021년 10월 한국과 네덜란드 수교 60주년을 맞아 우천면미래발전협의회 주관으로 네덜란드 교류문화제가 열렸다. 이어 네덜란드군의 한국전쟁 참전과 희생으로 맺어진 인연을 계승, 발전시키기 위해 우천면 우항리에 네덜란드 문화교류센터를 개관했다. 이와 관련한 소식은 〈강원도민일보〉에 2022년 3월 21일 자로 보도되었다.

횡성 우천 네덜란드 문화교류센터 운영 박차

횡성 우천에 네덜란드 문화교류센터가 들어섰다. 횡성군은 지난 18일 네덜란드 테마 마을 조성의 일환으로 우천면 우항리 소재 인삼의 미래 생산공장 터에 네덜란드 문화교류센터를 임시개관하고 본격적인 운영에 들어갔다. 주요 시설은 6.25한국전쟁 네덜란드 참전군인 유품과 사진 전시장, 회의장을 갖춰 향후 네덜란드와의 교류 중심지로 활용될 것으로 기대된다. 군은 또 센터 인근 부지에 네덜란드를 테마로 설계용역 중인 스마트 복합쉼터를 조성하는 한편 튤립소공원 등 네덜란드 테마 마을 조성을 위한 인프라 구축에 속도를 낼 계획이다. 현재 횡성군 우천면에는 네덜란드 참전기념비가 있어 매년 5월 추모행사를 갖고 있다.

우천면 허브 소재 네덜란드문화교류센터 개관식

스토리텔링화는 차세대 관광의 먹거리를 만드는 전략이다. 네덜란드와의 인연을 부각해 '한국 속 네덜란드'로 명소화할 수 있다. 뛰어난 자연 경관이 아니더라도, 세세하게 뜯어보고 체험하면서 재미를 찾는 경험적 요소는 더욱 친근한 관광 매력이다.

여기에 횡성의 문화예술이 어우러진다면 품격을 더할 수 있다. 음악과 미술, 문학 등의 부문에서 활동하는 문화인들의 육성과 지원도 필요한 이유다. 횡성에서 삶의 완성도를 높이는 문화 욕구를 충족시키는 관광이라면 더할 나위 없다.

관광과 결부한 스포츠 대회의 유치도 한층 활성화되어야 한다. 횡성베이스볼파크 등 스포츠 인프라를 십분 활용한 스포츠 대회 개최는 방문 인구를 늘려 지역 경제에 확실한 도움을 준다. 골프의 산업화도 생각해볼 수 있다. 횡성은 수도권에 가까우며, 동해안과도 이어지는 '골프의 성지'로 자리할 잠재력이 무궁무진하다.

관광은 스포츠 마케팅에도 효과를 배가시킬 수 있는데, 체류형 관광으로 이어지면 지역경제 활성화에 크게 이바지할 수 있어 이런 방향으로도 횡성의 이야기는 계속되어야 한다. 청정하고 볼거리와 이야깃거리가 넘치는 문화·스포츠의 중심지라는 횡성의 이미지가 뿌리내린다면 지방 소멸의 걱정거리는 시원하게 날려 보낼 수 있다.

AI 농업으로
대한민국 선도 농촌 구현

횡성군 인구는 지난 2018년 4만 6,756명이었다. 그 뒤 2023년 4만 6,359명, 2024년 4만 6,111명으로 줄었고, 2025년 12월말 현재 4만 5,627명까지 감소했다.

전체 인구의 완만한 하강세 속에서 2018년 1만 2,455명 수준이었던 65세 이상 고령층은 2023년 1만 6,038명, 2024년 1만 6,949명으로 증가했고, 2025년 6월에는 1만 7,414명에 이르렀다. 이로써 전체 인구 대비 고령인구 비율은 2018년 26.5%에서 2025년 6월 38%로 늘었다.

전체 인구 중 65세 이상 인구비율이 14% 이상이면 고령사회이고, 20%를 상회하면 초고령사회라고 한다. 이 기준에 비추어보면 횡성은 이미 초고령사회를 훨씬 넘어선다.

반면, 18~45세 청년인구는 2018년 1만 1,961명에서 2022년 9,993명으로 1만 명대가 무너졌다. 2025년 6월에는 불과 8,993명으로 군 전체 인구에서 청년인구의 비중은 19.6%를 기록했다. 2018년 25.6%보다 6% 포인트 줄어든 수치다.

무엇보다 젊은 인구를 많이 유입하고 정착할 수 있도록 해서 인구를 늘리는 것이 시급한 실정이다. 심각한 인구 유출을 막으려면 연령과 성별에 상관없이 군민 한 사람, 한 사람이 존중받는 행복한 도시, 즐겁고 살기 좋은 횡성을 만들어야 한다.

직면한 인구 소멸 위기를 돌파하기 위해서는 우선적으로 횡성의 고유한 가치를 지키고 체계적인 지원으로 경쟁력을 높여야 한다. 바로 우리 생명의 근원인 농촌과 농업 살리기다.

스마트 영농 시설의 보급을 확대하고, 농업인력지원센터를 운용해 고질적인 노동력 부족을 해결해야 한다. 농산어촌개발사업과 기업형 새 농촌마을 조성사업은 농촌을 지키는 새로운 소득원을 창출할 수 있다. 농어민 수당 지급과 지역맞춤형 농산물최저가격보상제로 농가소득 기반을 안정화시켜야 한다.

횡성한우를 비롯한 대표 명품들은 체계적인 브랜드 관리로 그 명성을 더욱 공고히 할 필요가 있다. '꿀벌육성5개년계획'은 양봉산업을 미래

소득산업으로 육성하는 방안이다.

수도권 농특산물 판매장 설치, 온라인 유통망 확충 등 신규 시장 개척도 지속해야 한다. 이는 급변하는 유통 환경에 대응하고, 농촌융복합 사업으로 6차 산업을 선도해 가는 발판이다.

"누구나 평생 살고 싶은 횡성, 남녀노소 행복한 횡성을 만들겠다."

나는 군수직을 수행하며 '귀농 1번지 횡성 구축'과 인력난 해소를 목표로 다양한 정책을 추진한 바 있다. 농협중앙회로부터는 귀농 정책으로 상도 받았다.

〈강원도민일보〉는 2021년 10월 29일 자로 "장신상 횡성군수는 29일 농협중앙회 회의실에서 농업·농촌지역 발전과 귀농귀촌정책 수립에 기여한 공로를 인정받아 '제1회 귀농활성화 선도인상'을 수상했다"고 전했다.

횡성은 귀농의 기회 제공에서 강원도 내 다른 지역과 비교해 입지적으로 경쟁력이 있는 곳이다. 인근에 원주공항이 있으며, 제2영동고속도로 개통과 KTX 강릉선이 생기면서 수도권 접근성이 크게 향상되었다. 이는 귀농·귀촌인의 유입을 촉진하는 요인으로 작용한다.

2016년에 강원도에서 최초 개설된 귀농귀촌종합지원센터는 귀농·귀촌 상담 지원은 물론, 예비 귀농·귀촌 단계에서부터 체계적 지원과 관리를 펼쳐 매년 1,000명 이상의 귀농 인구 유입을 적극 도왔다.

이와 함께 횡성은 2016년 농림축산식품부가 주관하는 '도시민 농촌유치 지원 공모사업'에 선정되며 귀농·귀촌 종합학교를 설립했고, '횡성군 한 달 살아보기' 등의 프로그램을 본격 운영해 귀농·귀촌의 시행착오를 최소화했다.

나는 귀농귀촌종합지원센터의 『귀농귀촌 가이드북』 제작·배포를 독려해 횡성의 지역 정보를 알리는 데 힘썼다. 또한 선배 귀농·귀촌인과 신규 전입 후배 귀농·귀촌인을 멘토-멘티로 연결해 다양한 정보를 쉽고 자연스럽게 습득할 수 있도록 적극 도왔다.

어렸을 때부터 직접 농사를 접하며 자란 나는 귀농·귀촌인이 농촌 현장에서 겪는 어려움을 누구보다 잘 알고 있다. 그래서 정책적 세심함으로 귀농·귀촌인이 새로운 환경에서 당황하지 않고 자연스럽게 출발하는 여건을 만드는 데 최선을 다했다.

다른 한편으로는 인력 수급 문제를 해결하고자 전담팀을 만들어 운용했다. 동남아시아 국가와의 업무협약을 체결해서 계절별로 외국인 노동자를 받아들였다. 이 또한 농사일의 어려움을 잘 알기에 신속하게

취한 조치다. 당장 농사를 지어야 되니까, 외국인 노동자들을 교육시
켜서 인력 문제를 해소해 나갔다.

횡성의 농촌이 고령화로 많은 어려움을 겪고 있는 상황을 타개하고,
생명산업인 농업을 지키고자 행정적 지원을 아끼지 않았다. 이는 앞
으로도 절실하게 유지해야 할 부분이다.

향후 AI인공지능의 접목은 지역의 사활을 좌우하는 관건이다. AI를 동반
한 횡성, AI를 통한 횡성의 활로를 열어야 한다.

힘들게 농업에 종사해서 제때 제값을 받고 팔 수 있는 구조가 되지 않
는다면 일하는 의미가 없다. AI를 활용해 이 같은 현실을 개선해야 한
다. 소비자로 하여금 합리적 유통 구조로 건강한 식자재를 구입할 수
있도록 하고, 관광객에게는 손쉬운 정보 습득에 의한 체험과 휴식의
즐거움을 주어야 한다.

군민의 삶과 귀농·귀촌을 북돋는 농촌 여건 개선, 청년의 귀환을 돕
는 일자리 창출 등도 AI로 효율화하고 새롭게 업그레이드해 나가야
한다.

이와 더불어 비중 있게 접근해야 할 문제는 교육이다. 젊은 세대가 결
혼을 해서 횡성에 정착하지 못하는 이유는 자녀 교육이 걸려서다. 공

교육 차원에서 인재 육성관리 등을 개편해서 실질적으로 성과 있는 교육 시스템의 신뢰를 주어야 한다. 주민자치 프로그램과 건강을 유지할 수 있는 체육 인프라 강화 등 일견 사소해 보이는 면에도 관심을 기울여야 한다.

횡성의 실정을 감안한 다각적 방안의 강구와 합리적 선택, 과감한 실행의 삼박자가 조화되어야 초고령화 문제에 적극적으로 대응하고 젊은 인구 늘리기 정책의 실효성을 높일 수 있다. 군민 모두의 지혜를 모아 협력과 연대로 서로 든든한 울타리가 되어주는 '따뜻한 농촌도시'를 조성하는 것이 횡성의 행복한 내일을 여는 문이다.

뉴딜정책 기후변화 대비
농업기반 조성

짧은 군수 재임 기간이었지만 나름대로 많은 성과를 이루었다고 자부한다. 그중 하나가 2020년 9월 18일, 농업환경 변화에 따른 신규사업 발굴 공동 추진 목적으로 횡성군이 한국농어촌공사 강원본부와 상생협력 업무협약MOU을 체결한 것이다.

지금에 와서 돌아봐도 참 잘한 일이다 싶다. 내가 다시 한 번 횡성을 위해 일하고 싶다고 마음을 먹은 이유도 이 사업을 제대로 마무리하고 싶기 때문이다.

참고적으로 당시 협약의 주요 내용을 소개한다.

횡성군 우항지구 노후주거 정비사업

도시재생사업 활성화계획 용역을 시작으로 횡성형 생활SOC클러스

KBS 강
횡성군-농어촌공사, 농업 기반 조성 협약
횡성군 안흥면 농촌중심지 사업계획도
안흥면 농촌중심지활성화사업 기공식
2020. 7. 20.(월)   시행자 : 횡성군   발주자 : kr 한국농어촌공사   시공사 : 신원토건주식회사

터 조성 주거 정비, 스마트 인프라 정비 사업을 2030년까지 추진한다. 이에 따른 총사업비는 180억 원이다.

안흥지구농촌공간정비사업

안흥면 소재지 일원에 팥과 안흥찐빵을 활용한 콘텐츠를 다각화해 2029년까지 지역경제 활성화 및 농촌 활력 증대, 임대주택 건립, 쉼터, 주차장 조성 등 정주 여건을 개선한다. 이를 위한 총사업비는 102억 원이다.

동부생활권 농촌협약

안흥면, 둔내면, 청일면, 강림면 지역의 공간계획 및 효율적 공간 관리, 정주 여건을 개선해 2030년까지 주민 삶의 질을 획기적으로 높인다. 총사업비 252억 원 규모이다.

서부 생활권 농촌협약

횡성읍, 우천면, 갑천면, 공근면, 서원면 지역의 공간계획 및 효율적 공간 관리, 정주 여건 개선으로 2029년까지 주민 삶의 질을 개선한다. 총사업비 442억 원 규모이다.

구리고개 취약지역 생활 여건 개조사업

마을 안전시설 확보, 생활위생 인프라 개선, 주택 정비를 2027년까지 추진한다. 총사업비로 21억 원이 투입된다.

현안에 선제적으로 대응하여
횡성의 미래 대비

횡성의 주요 현안은 '군용기 소음 피해, 상수원보호구역 해제, 500kV 송전선로 건설사업 대응'으로 큰 틀에서 정의할 수 있다. 이 현안들은 오랜 기간 군민의 신체상·재산상 피해를 가중시켜 왔다. 나는 장기간 답보 상태에 있는 이들 현안을 해결하고자 군수 재임 시 현안추진TF팀을 신설해 대책 마련에 최선을 다했다.

군용기 소음 피해 관련해서는 직접 공군 참모총장을 만나서 근본 대책 마련을 촉구했고, 국회 국방위원장을 면담하고 군민이 참여하는 '군용기 소음 피해 민관군협의회' 및 실무협의회를 구성해 대응해 나갔다.

다음은 이와 관련한 〈강원도민일보〉 2021년 12월 28일 자 기사의 일부다.

박인호 공군참모총장 "블랙이글스 지상 성분조사 적극 협조"

박인호 공군참모총장이 원주8전투비행단 특수비행단 블랙이글스 스모크 성분조사에 대해 적극 공조하겠다는 입장을 재확인했다.

횡성 군용기 소음 및 블랙이글스 스모크 피해 대책을 위한 민관군 간담회가 27일 원주8전투비행단에서 박인호 공군참모총장, 이형동 8전비단장, 장신상 횡성군수, 권순근 횡성군의장, 김명선·최판섭 횡성군용기피해대책위 공동위원장, 민경성 횡성여고 교장 등이 참석한 가운데 열렸다. 횡성지역사회단체와 박인호 총장은 지난 9월에 이어 2차 회동이다.

이날 횡성지역 민간 참석자들은 "불완소연소된 경유 성분을 뿌리는 블랙이글스 스모크의 정확한 성분조사를 요구하고 있지만 공군본부측이 지지부진하게 대처하고 있다"며 "활주로 상에서 스모크를 분사, 성분조사를 할 수 있음에도 부정적인 입장만 반복하고 있다"고 지적했다. (후략)

다음으로, 상수원 보호구역 해제는 강원도 주관 하에 횡성군과 원주시가 참여하는 공동 용역을 추진했다. 안정적 용수 공급 방안과 상생 발전이 목적이었다. 또한 횡성·원주 상생 발전협약 체결 및 실무협의회 구성으로 무대응 입장을 일관하던 원주시의 관심을 이끌어냈다.

500kV 송전선로 건설사업의 경우는 횡성군 송전탑반대대책위원회를 적극 지원하고, 홍천과의 공동 성명서와 한전 규탄성명서 발표 및 한

원주8전투비행단에서 개최된 '횡성 군용기 소음 및 블랙이글스 스모크 피해 대책 간담회'

홍천군과 공동으로 한전을 규탄하고 전면 투쟁을 선언하는 성명서 발표

전 특별대책본부장 면담 등의 대응 활동을 펼쳤다. 다만 군민 피해 최소화에 진력했으나 뾰족한 실마리를 찾지 못해서 아쉬움을 남겼다.

〈강원도민일보〉는 2021년 3월 22일 자로 "횡성·홍천송전탑반대대책위는 19일 횡성군청 브리핑룸에서 허필홍 홍천군수, 장신상 횡성군수가 참석한 가운데 한전의 500kV 송전선로 경과대역 날치기 처리에 항의하는 공동성명서를 발표했다"고 보도했다.

이 가운데 횡성군 상수원 보호구역 해제 건은 2025년 9월의 강릉시 물 부족 사태를 타산지석 삼아 치수원의 다변화와 수원 확보 차원에서 해결 방안을 마련해야 한다.

현재 횡성읍 40개 리 48㎢가 개발을 제한하는 규제 지역으로 묶여 수십 년째 군민들이 피해를 감수하고 있는 상황이 문제다. 지난 1987년 원주시 장양리 원주취수장으로 인해 횡성과 원주 지역 7.6㎢가 상수원 보호구역으로 지정된 이래 해결되지 않고 있다.

강원도·횡성군·원주시·K-water의 4개 기관이 2013년 공동 실시협약을 체결해 횡성의 상수원 보호구역 해제를 추진하고 있으나, 지금까지 뚜렷한 결과물을 도출하지 못한 상태다. 2024년 11월 횡성군 상수원 보호구역 관련 대책위원회가 구성되었고, 2025년 11월에는 원주시청 앞에서 상수원 보호구역 해제 궐기대회를 진행하기도 했다.

문제 해결을 위해서는 횡성댐을 이용한 원주시 상수도 공급이 가능하도록 국회에서 비상 취수원 제도를 법제화하는 「수도법」 개정이 이루어져야 한다. 아울러 주민소득 증대사업, 수질 건전성 확보사업, 지역개발 선도사업 등 상수원 보호구역 피해지역을 구제할 거버넌스 구축 지원이 선행되어야 한다.

내 생각에는 취수원의 다원화와 효율적인 물길관리도 문제 해결의 실마리다. 크게 보아 100㎞쯤 송수관을 묻어 소양호에서 원수를 끌어오는 것도 한 방법이다. 이러한 방안의 시도가 상수원 보호구역 해제를 가능하게 하는 첩경일 수 있다.

이 외의 현안들에는 군민의 뜻을 받들어 추진하거나 반대해야 마땅하다. 그 한 예로, 강원도가 공항터미널의 원주 이전을 추진한 것에 즉각 대응해 무산시킨 경우가 있다.
〈강원일보〉가 2021년 3월 16일 자로 이를 상세하게 보도했다.

횡성군 원주공항 터미널 이전 반대 성명
[횡성] 속보＝횡성군이 원주공항 터미널 이전 반대 성명서를 도에 전달하고 사전 협의 없는 일방 행정에 항의(본보 지난 15·16일 자 11면 보도)했다.
장신상 군수는 16일 도청에서 김명중 경제부지사를 만나 이 같은 군의 입장을 설명했다.

100人100色
소통투어
주민 여러분의 의견을 듣습니다
임유정
色 소통투어

무릇 답보 상태에 있는 현안도 '노력'이라는 씨앗을 파종해 바람직한 결실을 맺으려는 성심성의를 다하면 빠른 시일 내에 해결의 길이 열릴 것으로 믿는다. 가령, 장날에 찾아가는 민원 서비스를 구현하는 '100인 100색'가칭의 토론을 통한 의견 수렴 등이다.

이 같은 진심을 다한 노력을 기울여 군민의 부당한 피해를 회복하고, 미래도시 횡성의 성장 동력을 순조롭게 확보해 나가는 것이야말로 지역 리더의 책임이다.

6

—

언론의 창에 비친 장신상

횡성의 내일을 꿈꾸다

- 군수 취임 100일 기념 기고문

강원일보 [강원포럼], 2020.07.27.

세계가 코로나19로 몸살을 앓던 올 4월 15일, 횡성군민의 지지와 성원으로 군수로 당선됐다. 어려운 시기 소중한 선택을 해준 군민들에게 하루라도 빨리 체감할 수 있는 성과를 보여드리자 다짐했고, 이는 취임 100일을 맞을 때까지 한시도 노력을 게을리할 수 없었던 이유가 됐다.

취임 당시 횡성군은 군수 부재로 인한 군정 공백이 긴 상태였다. 권한대행 체제 속에서 공직자들의 헌신과 노력으로 빈자리를 메웠지만 현안은 답보상태에 빠졌고 지역 여론 분열도 눈에 띄었다. 집단 감염으로 번지는 코로나19도 취임과 동시에 맞닥뜨린 최대 복병이었다.

취임 후 군민 생활 안정과 경기 회복에 집중하며 군민 모두에게 20만 원의 재난기본소득지원금을 지급했다. 재난기본소득에 정부지원금이

더해지자 지역경제는 조금씩 숨통이 틔어 갔다. 앞으로는 비대면 경제 활성화 대책으로 군민들의 경제 피해를 줄여 나갈 계획이다. 여전히 긴장의 고삐를 늦출 수 없지만 단합된 힘과 선진 의식으로 위기를 극복할 수 있으리라 믿는다.

갈라진 지역 여론은 화합을 향해 나아가고 있다. 대한민국 1등 한우 수식어에도 내홍을 겪던 '횡성한우'는 광의의 횡성한우 브랜드 기조를 유지하되 경영체별 자율경쟁으로 성장·발전을 유도하는 브랜드 체계화 정책으로 혼란을 수습 중이다. '싸워 이기기는 쉬워도 지키기는 힘들다'는 말처럼 횡성한우가 국내 최정상을 지키고 글로벌 브랜드로 도약할 수 있도록 쉼 없이 역량을 쌓고 있다. '내가 이루는 도시, 꿈을 이루는 횡성'의 새 군정 목표는 민선 7기 후반기의 힘찬 출발을 알렸다.

군정 목표는 횡성군이 나아갈 방향을 담은 만큼 군민의 공감 아래 결정됐다. 공직사회는 급변하는 환경에 선제 대응하기 위해 조직을 정비, 군의 정책과 공약 실천을 위한 짜임새 있는 행정을 구현 중이다.

이렇듯 취임 100일은 군민 화합과 소통, 조직의 체제를 다듬는 시간이었다. 이제는 횡성을 새로운 미래로 이끌 신성장동력산업에 본격적인 시동을 거는 중요한 시점을 맞았다.

2020년 횡성군 도시재생대학 제1기 수료식
20.06.11.(목)14:00 / 횡성군 도시재생지원센터

첫 신호탄은 이모빌리티기업지원센터다. 우리 군은 횡성읍 묵계리 옛 탄약고 부지에 연내 480억 원을 들여 전기차 주행시험로와 인증장비 등을 갖춘 이모빌리티기업지원센터 건립을 준비하고 있다. 더불어 남촌지역에 화훼공원과 생태공원, 모빌리티 테마파크 등 대규모 종합개발을 추진해 오랜 기간 규제로 묶였던 곳을 대한민국 전기차 거점이자 횡성의 새로운 랜드마크로 부상시키기 위한 구상을 끝냈다.

횡성의 최대 장점인 청정 환경을 십분 활용한 관광 인프라도 수도권 시대에 발맞춘 성장동력 중 하나다. 지역을 대표하는 힐링 명소인 횡성호수길과 병지방오토캠핑장은 이미 수도권 관광객들을 매료시켰고 다음 달 루지체험장이 문을 열면 횡성은 매력적인 소풍 장소로 거듭날 수 있다. 이미 중앙·영동·제2영동고속도로, 서울에서 1시간 이내 거리의 KTX 등 최고의 교통 인프라를 갖추고 있고, 수도권 전철 '횡성~원주' 구간 연장을 차근차근 준비하는 것도 수도권 시대를 대비한 큰 그림이다.

지난 100일은 단 하루도 허투루 보낸 날이 없었다. 발로 뛰고 소통하며 보낸 시간들이 오늘이 됐고 더 나은 내일을 꿈꾸게 했다. 기회는 준비된 자에게 온다. 나는 오늘도 '내가 이루는 도시, 꿈을 이루는 횡성'을 위한 청사진을 준비하고 있다. 그리고 그 청사진은 군민과의 소통과 협의를 통해 함께 그려 나갈 것이다.

'4.1횡성군민만세운동'의 숭고한 정신
- 4.1만세운동 기념일을 맞아
  자랑스런 횡성의 역사와 정체성을 상기하는 기고문

강원도민일보 [금요산책], 2022.04.01.

매년 4월 1일 횡성보훈공원에서는 '4.1횡성군민만세운동' 기념식이 열린다. 봄날의 푸른 하늘 아래 정갈히 놓인 흰 장미꽃이, 백발이 성성한 유가족의 선한 눈빛에서 느껴지는 청명함이, 조국의 독립, 평화와 자유를 갈망했던 100여 년 전의 횡성을 떠올리게 한다.

'4.1횡성군민만세운동'은 1919년 4월 1일 횡성장터에서 열렸던 강원도 내 가장 치열했던 항일 운동으로, 횡성군민들의 강인한 신념과 열망으로 피워낸 독립에 대한 열망이 강원도 전체로 퍼져 나가는 계기가 되었다.

1919년 3월 1일, 서울 탑골공원에서 시작된 3.1운동은 전국적으로 퍼져나갔다. 횡성도 그 거대하고 숭고한 물결에 군민들이 자발적으로 참여하여 3월 27일 수백의 군민들이 모여 만세운동을 전개했으나 일제 헌병들에 의해 해산되었다.

하지만 횡성군민은 포기하지 않았다. 일제의 폭력적인 제압에도 불구하고, 4월의 첫날 횡성장터에 수천의 군민이 다시 모여 '4.1만세운동'을 일으켰다. 당시 횡성만세운동에 참여한 군민이 5,000여 명에 달한다고 한다. 알려진 바가 이러하니 실제로는 훨씬 더 많은 군민이 두려움을 뒤로 하고 함께했을 것이다.

조국의 독립을 염원하는 거룩한 함성은 온 하늘에 울려 퍼졌고 남녀노소 간절하고 격렬하게 '대한독립 만세'를 외쳤다. 일제 헌병들은 선량한 군민을 향해 총칼을 휘둘렀고 강성순, 하영현, 강달회, 전한국, 김치정 애국지사는 현장에서 순국했다. 부상자는 속출했고 수많은 군민과 애국지사가 붙잡혀 모진 옥고를 치렀다.

누군가의 아버지, 어머니, 눈에 넣어도 아프지 않을 아들, 딸……. 조국의 독립을 위해 내 목숨, 가족의 평화 모두 내려놓았다. 창자가 끊어질 듯한 고통이 이러했을까. 심장을 옥죄는 두려움이 또한 이러했을까. 감히 상상할 수도 없는 그때의 심정을 조심스레 헤아려 본다. 숱한 고뇌와 번민 속에서도 나의 희생이 헛되지 않으리라는 믿음, 자유와 평화를 위한 발걸음에 하늘이 길을 열어 주리라 믿었던 굳은 확신이 지금의 우리에게 소중한 일상을 선사해 주었다.

오늘을 살아가는 우리가 누리는 평온한 일상이, 익숙한 자유가 당연하지 않음을 새삼 느낀다. 103년 전 횡성군민에게 서렸던 의기와 신념은 아직도 우리 속에 흐른다.

우리 조상들이 남긴 길은, 횡성의 공간과 시간 속에 그대로 남아 있다. 삼일공원, 삼일광장, 만세공원, 삼일로 등등. 매일 만나는 출근길에서, 재잘대는 학생들의 시끌벅적한 하굣길에서, 반가운 이 만나러 떠나는 버스정류장에서 무심결에 스치는 횡성의 많은 풍경이 바른 길, 가야 할 길을 알려주는 이정표와 같다.

올해로 103년째다. 기나긴 세월 동안 선열의 숭고한 희생은 조금의 퇴색 없이 횡성군민의 자랑스러운 긍지로, 횡성의 가치로 빛나고 있다. 남녀노소, 빈부와 귀천도 없이 군민 모두가 독립이란 한뜻을 품고 격렬히 하나 되었던 그 숭고한 정신은 누구도 부인할 수 없는 횡성군민의 정체성이다.

오래전 횡성군민 모두가 하나 되어 횡성을, 더 나아가 대한민국을 위해 함께 걸었던 것처럼, 우리 역시 미래 세대의 행복을 위해 굳건한 이정표를 남겨주자.

치악산은 공공의 자산이다

- 원주지역 치악산 소초면의 치악산면 변경 시도와 관련한 기고문

강원일보 [확대경], 2025.03.17.

원주 소초면 명칭을 '치악산면'으로 바꾸려는 움직임이 있다는 소식을 들으니 씁쓸함과 안타까움이 느껴진다.

원주시는 지난 2월 시장과 소초 주민 간담회에서 개칭안에 대해 공론화했다. 횡성과 원주, 두 지역에 걸쳐 위치한 치악산을 원주시 지명에 넣어 브랜드 가치를 독점하겠다는 시도로 보인다. 지역 대표 자원을 지역명에 반영한 사례는 평창의 대관령면, 영월의 한반도면, 김삿갓면, 무릉도원면이 있다.

원주와 횡성을 거쳐 영월까지 이어지는 치악산은 크게 원주시 관할의 서치악산과 횡성군 관할의 동치악으로 구분된다. 동치악은 산세가 비교적 완만하고 자연 그대로 보전된 절경이 일품이지만 각종 규제로 개발에 어려움이 있어 치악산 관광개발은 원주시 관할인 서치악산에

집중될 수밖에 없었다.

원주시는 치악산 개발과 함께 지역의 음식, 문화 등을 치악산과 연계하며 지리적 장점을 톡톡히 누려 왔다. 반면 치악산의 또 다른 축이지만 개발이 어려운 동치악의 횡성은 치악산 개발과 그 브랜드를 원주시가 독점하는 상황을 묵묵히 지켜보며, 개발 제한 규제를 풀기 위해 백방으로 노력해 왔다. 그 결과 2010년, 2021년 횡성군 강림면 일언 부곡지구가 국립공원 관리구역에서 일부 해제되며 개발의 물꼬를 틀 수 있었다.

횡성군은 2022년 치악산국립공원사무소와 동치악산 탐방 활성화 업무협약을 체결하는 등 생태계를 보전하며 관광 자원을 개발한다는 큰 틀을 잡고 동치악권 관광 활성화에 박차를 가하고 있었다.

이런 상황에서 원주시의 치악산 브랜드 독점의 정점을 찍을 가칭 치악산면 개명 추진 소식은 횡성군민에게 허탈감을 넘어 망연자실함까지 느끼게 한다. 그동안 생태계 보전이란 공익적 가치를 위해 횡성군이 기울인 희생과 노력을 원주시에 오롯이 뺏길 수도 있는 치악산면 개명의 상황을 받아들이기 어려운 현실이다.

대한민국의 산은 8,750여 개에 달한다. 그 많은 산 가운데 100대 명산에 선정될 만큼 수려한 자태를 자랑하는 치악산은 산을 사랑하는 이도, 산을 처음 오르는 이도 다시 찾게 만드는 매력적인 산이다.

경계를 접하고 있는 횡성과 원주는 지리적 특성상 가깝지만 먼 이웃이다. 가깝기에 공유해야 할 자산도 문제도 많고, 필연적으로 발생하는 상충의 이익에 오해와 갈등이 쌓이기도 한다.

하지만 현안을 해결하고 발전의 길로 나아가기 위해서는 반드시 협력해야 하는 관계이기도 하다. 먼 시선으로 보면 두 지역이 나아갈 바람직한 방향은 상생과 협력이지만, 눈앞에 닥친 이익을 위해 갈등과 반목으로 치닫기도 하는 게 현실이다.

이번 치악산면 개명도 마찬가지다. 치악산이란 큰 자원을 공유하기보다 내 것으로 독점하고픈 마음은 지나친 욕심이다. 치악산의 주인은 어느 누구도 아닌 바로 치악산이라는 이유에서다. 냉정히 말해 치악산으로 개명한다면 완전히 치악산 속에 있는 횡성 강림면이 더 자격이 있다.

치악산의 동서가 횡성과 원주로 연결돼 하나의 산을 이루듯, 치악산을 지명에 담아 내 것을 만들려는 욕심을 버리고 두 지역이 함께 그 가치를 누리는 방향으로 나아가야 한다.

각종 규제에 묶여 개발 혜택에서 배제되었던 횡성군민에게 동치악산을 개발할 기회를 보장하고, 브랜드 가치를 두 지역이 공유하는 것, 이것이 동서로 연결된 장대한 산이 우리에게 말하고 싶은 깊은 뜻이 아닐까.

빼앗긴 횡성의 땅과 하늘 그리고 물

- 횡성의 최대 현안인 원주상수원보호구역 해제 요구를 주장한 기고문

강원일보 [확대경], 2025.12.01.

1992년 정부가 원주의 안정적 식수 공급을 주목적으로 한 횡성댐 건설을 시작하면서 나는 횡성댐건설지원사업소의 보상계장으로 발령받았다. 모든 대형 사업에서 제일 중요한 것은 사업장에 편입되는 토지 보상 업무다. 토지 보상 업무가 어떻게 진행되느냐에 그 사업의 성패가 달린다.

나는 3년 내내 갑천면 중금리 등 5개리 주민들을 매일 만나 사업을 설명하고 협조를 당부했다. 하지만 누대에 걸쳐 뿌리내리고 행복하게 살던 주민들은 마른하늘에 날벼락이었다. 왜 하필 우리 마을, 우리 고향이냐며 우리는 어떻게 살라는 것이냐고 눈물로 울부짖었다.

주민들로부터 욕도 많이 먹고 가슴 아픈 하소연도 많이 들었다. 함께 소주잔을 기울이며 가슴에 쌓인 이야기로 밤을 새우기도 했다. 나도 인접 마을에서 살고 있어 결코 남의 일이 아니었기에 함께 눈물 흘리

며 슬픔을 나눴다. 253가구에 1,000여 명의 주민들의 이야기를 들으며 동고동락했다.

그 분노와 눈물을 삼키고 횡성댐은 2000년에 완공됐다. 횡성군민들은 횡성댐의 완공으로 크게 건 기대가 있었다. 바로 군민들의 가슴을 짓누르고 횡성군의 발전에 족쇄가 되었던 원주시 지방상수도 상수원보호구역에서 해방될 거라는 희망에 부풀어 올랐다. 하지만 군민들의 기대는 무참하게 짓밟혀 버렸다. 1987년 원주시가 원주시민들의 식수를 공급하기 위해 소초면 장양리 섬강에 설치한 취수장은 그대로 남았다.

이 취수장 상류 지역으로 횡성읍, 공근면, 우천면 일대 39개 마을리 59㎢에 걸쳐 지정된 상수원보호구역은 그대로 남겨진 것이다. 이들 지역은 횡성군민들의 절반이 거주하는 횡성의 핵심 지역이다. 여기에다 횡성댐 건설로 인해 광역상수도보호구역으로 22개 마을리에 228㎢의 면적이 추가됐다. 상수원보호구역이 총 287㎢로 횡성군 전체 면적의 28.8%이다. 대한민국 230개 기초자치단체 가운데 지자체 면적의 30%가 상수원보호구역인 곳은 횡성이 유일하다.

횡성군은 원주상수원보호구역 해제를 위해 환경부, 강원특별자치도, 원주시, 수자원공사 등 관련 기관을 수십 년째 쫓아다녔지만 어느 곳도 횡성군민들의 이야기에 귀를 기울여주지 않았다. 식수를 직접 공급받는 원주시의 태도는 횡성군민들의 마음에 상처를 줬다. 이웃사촌으로 상생한다는 생각으로 그동안 믿고 기대했다. 그런데 횡성군민의 대화 요청마저 거절했다.

정부는 원주지방상수도를 폐지하고 원주시 식수를 광역상수도로 완전 전환해야 한다. 아니면 다른 방법이라도 찾아야 한다. 원주시는 이 문제를 남의 일처럼 수수방관하지 말고 해결에 적극 협력해야 한다. 횡성군과 상생의 뜻이 있다면 함께 고민하고 노력해야 한다. 왜냐하면 원주시는 물뿐만 아니라 하늘까지 횡성군민을 억누르고 있기 때문이다. 바로 원주공군비행장 소음이다. 횡성군민들은 수십 년째 소음공해에 시달리고 있다. 횡성군민들은 그동안 상생의 정신으로 양보하고 인내하며 살고 있는데 원주시는 전혀 공감하지 않고 있다. 동정심조차 없다.

횡성군민들은 양보만 하고 희생만 해야 한다는 말인가. 원주시민이 받는 혜택에 대한 만분의 일이라도 관심을 가져주시면 좋겠다. 세상에 내가 사는 땅 위의 하늘과 물로 인해 행복한 삶을 누리지 못하는 유일한 곳이 횡성이다. 내가 사는 지역의 하늘과 물이 행복한 삶을 빼앗은 족쇄가 된 곳에 사는 사람들이 횡성군민들이다.

횡성군민들도 남들처럼 내 집과 내 땅의 값이 올라 돈 좀 벌고 싶다. 대한민국 국민으로서 재산권 행사하며 행복하게 살고 싶다. 원주와 횡성은 같은 생활권이며 치악의 역사문화 속에 살고 있다. 수천 년 내려온 역사문화를 바탕으로 상생의 기회가 되길 기원한다.

횡성 각림사지는
대한민국의 보물

쿠키뉴스, 2026.01.14

치악산은 횡성 태기산에서 발원된 섬강과 주천강을 사이로 하고 있다. 좋은 산에는 좋은 물이 함께한다. 치악산 하면 구룡사를 비롯해 행구동, 금대리, 신림 등 주로 알려진 지명이 원주 쪽이어서 그게 치악산 전부라 생각할 수도 있지만 거의 절반이 횡성이고, 영월도 포함되어 있다.

진짜 치악산의 가치는 강림면을 중심으로 한 동쪽 지역이다. 교통 접근성이 떨어지고 아주 넓은 버덩이 없어 큰 도시가 형성되지 못해서일 뿐 치악산의 진정한 맛을 고스란히 느낄 수 있는 곳이 동치악이다.

최근 동치악의 가치를 공부하면서 엄청난 역사와 무궁무진한 역사문화 스토리에 더욱 빠져들지 않을 수 없게 되었다. '강림'이란 동네 이름의 유래가 된 각림사覺林寺가 그 중심에 있는데, 직역하면 '깨달음의

숲에 있는 절'이란 의미다. 1916년 일제강점기에 행정구역 개편 당시 지금의 강림講林으로 바뀌었다.

삼국시대에 세워진 것으로 추정되는 각림사 존재가 역사에 처음 등장한 기록은 고려 말기 재야 대학자이며 시인인 운곡 원천석1330~? 선생이 1393년 무렵에 지은 시사詩史에서다. 지금 각림사 터는 흔적조차 없어 겨우 안내판만 우체국 마당가에 세워져 있지만, 고려 말기에서 조선 중기까지는 세상이 주목하는 명망 높은 사찰이었다.

각림사 동네에 살던 운곡 선생이 태조 이성계와의 인연으로, 태종 이방원을 제자로 삼은 인연으로 큰 사찰로 중창되면서 조선 중기까지 명성을 날리게 된 것이다. 1418년 아버지 태종으로부터 왕위를 선위받은 아들 세종은 1421년 아버지와 함께 횡성을 방문하기도 했으며, 각림사를 전국 선종 18개 사찰에 포함하고 토지 300결과 승려 150명이 거주하게 했다. 성종은 연간 소금 120석을 내리는 등 왕실의 지원과 보호를 받아오다가 임진왜란 때 안타깝게도 소실되었다.

아버지와 건국한 조선을 완성한 탁월한 능력의 군주 태종 이방원의 정치적 뿌리는 바로 치악산 각림사와 운곡 선생이다. 1379년, 13살에 각림사에 와서 3년간 글공부하여 16살에 진사 시험에 2등 합격하고, 이듬해 17살에 문과에 급제했다. 조선 27명의 임금 가운데 유일한 과거 출신인 그는 왕위에 오른 후 강무講武를 핑계로 횡성을 5번이나 방문했

覺林寺 옛터
이곳은 통일신라에 창건되어 고려.조선을
거쳐 18세기 말까지 번성 했던 각림사의
옛터로 조선 3대 임금인 태종이 어린시절
운곡 원천석 선생께 공부 하셨던 곳이다.

다. 『태종실록』에 나오는, 1417년 7월 5일 두 번째 각림사 방문 때 태종이 내린 명이다.

원주原州 각림사의 중이 사곡私穀 200석을 근처 제천堤川 창고의 쌀 100석과 바꾸도록 청하니, 허락하고 승정원承政院에 이렇게 전지하였다.

"각림사는 내가 젊었을 때 놀던 땅이다. 지금도 꿈속에서 가끔 간다. 그러므로 중수하고자 하는 것이지 부처를 좋아하여 하는 것은 아니다……."

자신의 고향은 한 번도 찾지 않은 태종이 숭유억불을 국시로 하는 신하들의 반대를 무릅쓰고 찾은 횡성에는 스승 운곡 선생과 맺은 인연이 각림사지를 비롯해 태종대, 노구소, 횡지암, 누졸재 등으로 넘쳐나게 내려오고 있다.

경주 감은사지는 연간 약 20만 명의 발길을 끌어모으고 있다. 역사상 가장 강명剛明한 군주 태종 이방원을 배출한 각림사는 횡성만이 가진 국보급 문화유산으로 우리 횡성의 미래 성장동력이다.

에필로그

"횡성군 500만 농촌문화 관광시대를 열겠습니다."

저는 '횡성을 사랑하는 사람' 장신상입니다. 민선 7기 군수를 지냈습니다. 태어나서 자란 고향에서 공무원으로 일하고, 군의원과 군수를 이어서 하며 '횡성은 나를 품어준 사랑'이라는 감사함을 말할 수 있는 사람입니다.

제 가슴에는 항상 '조금이나마 고향에 보답하고 싶다'는 진심이 가득합니다. 다시 한 번 횡성을 위해 헌신하는 자리에서 5만 횡성군민의 삶의 질을 높이는 데 최선을 다하겠다는 각오를 새롭게 해 봅니다.

지금은 전국 지자체들이 소멸의 위기에 놓인 아주 중대한 시기입니다. 우리 횡성도 예외가 아니어서 중대한 국면에 직면해 있습니다. 횡성에 인접한 자치단체를 비롯한 강원도 내 대부분의 도시는 소멸의 위기에 접어들어 매년 인구가 급속히 줄어드는 추세입니다. 횡성군

민주당
"나, 횡성에 가고 싶다!!"
5백만 관광도시 횡성! 장신상이 열어가겠습니다.

역시 지난 2022년 7월부터 2025년 11월까지 3년 4개월 사이에 862명이 줄었습니다. 심각한 일이 아닐 수 없습니다.

횡성은 다른 지역들보다 유리한 사통팔달의 교통 여건과 수도권 접근성을 갖고도 전혀 활용을 못하고 있습니다. 리더에게 위기의식이 없다는 것이 문제의 본질일 수 있습니다.

리더의 임기는 짧습니다. 배우고 연습할 시간이 없습니다. 준비도 없이 직책에 올라 우왕좌왕하다가 아무런 성과 없이 끝나기가 쉽습니다. 현장과 실전을 잘 알고 곧바로 탁월한 성과를 이루어 가며 군민들에게 피부로 변화를 느낄 수 있게 해야 합니다.

그러자면 실력으로 인정받는 리더가 필요합니다. 남들이 보지 못하는 미래 비전을 제시하고, 실현 목표를 향해 성심성의껏 실천하는 리더만이 정체된 현실을 개혁할 수 있습니다.

제게는 횡성의 가치를 재발견하고 횡성군민의 자존심과 정체성을 되찾아 내 고향을 도약시키겠다는 포부가 있습니다. 지난날의 성공에는 뿌듯함을 갖지만, 미완으로 남겨진 것들에는 아쉬움이 크게 남았습니다.

저는 이제 그 아쉬움을 떨치고 나의 횡성 사랑을 완성하고자, '우리 횡성이 품은 모든 자산을 바탕으로 미래 성장동력을 만들겠다'는 약속을 드리겠습니다. 횡성의 역사·문화·자연·농촌·산업을 토대로 한 '횡성 미래 비전'의 선포입니다.

"횡성군 500만 농촌문화 관광시대를 열겠습니다."

이 다짐의 한마디는 누구보다 굳건하다고 자부할 수 있습니다.
횡성의 관광 잠재력은 그동안 방치되어 있었습니다. 저는 그 가치를 확신하고 있기에 가장 경쟁력 있는 농촌문화 관광도시를 만들겠다는 확고한 좌표를 제시하겠습니다.

우리 횡성은 2개의 고속도로와 4개의 국도, KTX, 공항을 갖춘 최고의 교통 인프라가 있고, 수도권 접근성이 아주 뛰어난 도시입니다. 이런 사통팔달의 교통 인프라를 바탕으로 '머무는 농촌문화 관광도시'를 추진해 500만 관광시대를 열겠습니다.

횡성은 전형적인 농업 지역이지만 그것이 오히려 장점으로 살릴 수 있는 뚜렷한 요인입니다. 사라지는 옛 농촌문화를 AI 기능과 결합한 시스템으로 회복해 횡성의 미래를 개혁하고, 주민이 주도하는 스마트 소통농업을 연결함으로써 '농촌문화 쇼핑 여행'의 새로운 시대를 열 수 있습니다.

지금처럼 관광자원이 부족하다고 아무런 정책도 추진하지 않은 채 지역 발전을 방관하고 포기하는 것은 주민소득을 외면한 무책임한 태도입니다. 횡성군 농촌을 살아 있는 농촌문화 콘텐츠 박물관으로 만들고, 횡성의 축제와 역사문화·생활문화·환경문화를 조화롭게 결합해 주민 사업자와 연결하며, 주민과 여행소비자가 만나 직접 거래하는 횡성관광의 미래를 개척해 나가야 합니다.

다음으로는, 역사문화를 비롯한 전통적인 관광자원을 발굴해 농촌문화관광의 경쟁력을 높이도록 하는 방안을 추진하겠습니다. '축제문화 자원'인 횡성한우축제와 안흥찐빵축제, 둔내토마토축제, 청일 횡성더덕축제를 생산 농가와 마을로 연결해 경쟁력 있는 축제로 발전시킴으로써 전 국민이 생생하게 즐기는 지역축제의 입지를 다지겠습니다.

'역사문화 자원'인 태기산의 태기왕의 역사, 각림사 태종대왕 이야기, 둔내 철기문화 등 횡성만의 고유 역사문화를 관광자원화함으로써 농촌문화와 결합한 사계절 관광상품을 만들겠습니다. '자연환경 자원'인 횡성의 대표 관광지 횡성호수를 섬강의 역사 스토리와 접목하여 농촌문화와 결합한다면 웰니스 관광 명소로 떠오를 가능성도 충분합니다.

'애국문화 자원'이 서려 있는 횡성은 애국의 고장으로서 강원도 내 항일 만세운동의 발상지입니다. 6.25 한국전쟁의 격전지이기도 해서 군수 재임 시에 '횡성호국원'을 유치하기도 했습니다. 이는 도내 유일의 국립묘지이며, 현재 본격적인 건설에 들어가 있습니다. 애국정신이 깃든 자랑스러운 호국원과 격전지였던 현장을 생생한 스토리로 연결하고 농촌문화자원과 결합해서 횡성 주민과 함께 애국의 고장 횡성을 확실하게 알리겠습니다.

500만 관광시대는 결코 불가능하지 않습니다.
모든 농촌문화 관광자원을 횡성에서 보고, 먹고, 자고, 즐기고, 사갈 수 있게 마을주민 사업자와 연계해 주민소득과 직접 연결되도록 시스템화하는 것이 최우선입니다.

최근 수도권에서 동해안을 찾는 관광객은 연간 1억여 명에 달합니다. 이 중에서 5% 이상이 횡성을 경유하도록 유인책을 모색해야 합니다. '뮤지엄 산' 등 인근의 우수 관광 명소를 찾는 관광객을 유인해 오는 방법으로 500만 농촌문화 관광시대를 반드시 달성할 것을 약속드립니다.

'500만 농촌문화 관광시대를 횡성의 새로운 미래 성장동력으로!'

횡성에는 풍부한 경험을 겸비한 믿음직스럽고 통찰력 있는 리더가 필요합니다. 미래 성장의 방향을 뚜렷이 가리키고 뚜벅뚜벅 걸어나갈 횡성의 황소처럼 뚝심있는 리더가 필요합니다. 또한 허울뿐인 명예나 사리사욕을 앞세우지 않는 청렴한 리더라야 합니다. 비리에 연루되어 횡성군민에게 실망을 안기고 횡성군을 부끄럽게 만드는 사람은 결코 나오지 말아야 합니다.

저는 군청에서 수십 년간 주요 공직을 두루 수행해 온 행정가이자, 군의원 활동과 군수의 소임 수행으로 쌓은 경험이 풍부합니다. 그 약속 실현의 밑거름이 되기에 모자람이 없다고 자신합니다. 이전에는 제게 주어진 시간이 촉박했습니다. 아쉬움이 크지만 현실을 인정할 수밖에 없었습니다. 그렇기에 저는 새롭게 출발점 앞으로 나섰습니다.

저는 횡성에서 평생을 살았고, 공직에 봉사하며 횡성을 두루 꿰뚫고 있는 만큼 아이디어가 무궁무진합니다. 체험에 입각한 최적의 정책으로 비전을 제시하며 군민의 삶이 여유로운 행복한 횡성을 만들 자신이 있습니다.

'횡성 사람 장신상'은 저를 품어준 횡성에 보답하며 '함께 여는 횡성의 내일'을 약속드립니다. 저는 횡성 발전을 위한 일에 모든 것을 바치겠습니다. 그리고 미력하나마 제 자신의 역량이 횡성 발전에 쓰일 수 있어서 감사한 마음이었습니다. 그동안 준비하고 공부한 만큼 제가 사랑하는 횡성의 더 나은 미래를 위해 일할 수 있기를 간절히 바랍니다.

함께 여는 횡성의 내일

제1판 1쇄 발행 2026년 2월 5일

저자	장신상
펴낸이	김덕문
편집	손미정
교정	김정성
디자인	놈normmm
영업	이종률
제작	정우미디어

펴낸곳	더봄
등록일	2015년 4월 20일
주소	서울시 마포구어울마당로 130 기린빌딩 3105호
대표전화	02-975-8007 ‖ **팩스** 02-975-8006
전자우편	thebom21@naver.com
블로그	blog.naver.com/thebom21